Public Private Partnerships
Zukunftsmodelle für öffentliche Verwaltungen

Herausgegeben von

Prof. Dr. Jürgen Stember

Professor am Fachbereich Verwaltungswissenschaften der
Hochschule Harz, Halberstadt
Leiter des PubliCConsult - Institut für Verwaltungsmanagement e.V. –
An-Institut der Hochschule Harz

Verlag Karla Grimberg – 48346 Ostbevern

Schriften zur angewandten Verwaltungsforschung

Band 1

Wissenschaftliche Schriftenreihe des Instituts für Verwaltungsmanagement e.V.
PubliCConsult, Halberstadt

Verlag   Karla Grimberg, Domhof 11, 48346 Ostbevern
Tel.   02532 / 5881
Fax   02532 / 963536
D2   0172 / 5323435

ISBN   3-9806500-6-5

Copyright   2005

Alle Rechte vorbehalten.

Ohne ausdrückliche Genehmigung des Verlages ist es nicht gestattet, das Buch oder Teile daraus zu kopieren oder in irgendeinem anderen Verfahren zu vervielfältigen, auch nicht für Unterrichtszwecke.

K 05.0331

Ausgeschieden von
Landtagsbibliothek
Magdeburg

am ....

Vorwort

zur neuen Schriftenreihe
Schriften zur angewandten Verwaltungsforschung

Mit dem vorliegenden ersten Band der neuen Reihe „Schriften zur angewandten Verwaltungsforschung" wird ein lang gehegtes Vorhaben endlich Realität. Schon Ende der 90er Jahre hatten sich die „Pioniere" des An-Instituts PubliCConsult – Institut für Verwaltungsmanagement e.V. Gedanken darüber gemacht, wie man den Fachbereich Verwaltungswissenschaften der Hochschule Harz in Halberstadt und das An-Insitut selbst auch durch eigene Publikationen bekannter machen kann. Verschiedenste Gründe haben in den darauf folgenden Jahren immer wieder dazu geführt, dass die geplante Schriftenreihe aufgeschoben werden musste.

Dabei handelte es sich am wenigsten um konzeptionelle Hindernisse, sondern um ganz praktische Probleme, die u. a. in den großen Belastungen der Vereinsmitglieder im Zuge der Neuausrichtung des gesamten Fachbereichs (Externalisierung der Hochschulausbildung) lagen. Neue Studiengänge wurden gegründet, alte umgestellt, erweitert und ergänzt. Prüfungsordnungen mussten erstellt und praktisch erprobt werden. Der Umzug des Fachbereichs und des An-Instituts im Oktober 2004 an den neuen Standort am Domplatz 16 in Halberstadt haben dann endlich den Anlass gegeben, die Schriftenreihe zu realisieren.

Die Schriften zur angewandten Verwaltungsforschung sollen in regelmäßigen Abständen, mindestens ein- bis zweimal im Jahr, über aktuelle Themen in den Verwaltungswissenschaften informieren. Mit dem Themenbereich **Verwaltungsforschung** ist uns natürlich bewusst, dass die „Verwaltungsszene" sich bis heute schon erheblich verändert hat und es einige gute Argumente dafür gibt, den Begriff der „Verwaltung" durch den etwas weiter greifenden Begriff des „öffentlichen Sektors" zu ersetzen. Frühere öffentliche Aufgaben sind heute liberalisierte Märkte, andere Aufgaben wurden einfach ausgelagert und werden komplett durch Private übernommen. Gleichzeitig wurden zahlreiche neue Aufgaben für die Verwaltungen bzw. den öffentlichen Bereich entwickelt. Auch die neuen Rahmenbedingungen, allen voran geprägt durch die Internationalisierung, die Technisierung sowie durch erhebliche Krisen der öffentlichen Haushalte und sozialen Sicherungssysteme, verursachen ständig neue Anforderungen an die Verwaltungen sowie an das gesamte politisch-administrative System. Diese neuen, aktuellen Anforderungen und Problemlösungen zu thematisieren, zu diskutieren und auch für die Praxis operativ nutzbar zu machen, ist uns ein wertvolles Anliegen.

Der zweite Aspekt liegt jedoch auf dem **Anwendungsbezug**, den wir jetzt eben nicht nur durch unsere bisherigen, zum Teil sehr erfolgreichen Veranstaltungen herstellen möchten, sondern nun auch mit einer eigenen Schriftenreihe. Allerdings sollen – so ist unsere Vorstellung – die Bände der Schriftenreihe jeweils auch Bezug auf die Veranstaltungen nehmen, so zum Beispiel der aktuell vorliegende Band „Public Private Partnership", der auf einem entsprechenden Workshop des An-Instituts im Oktober 2004 basiert.

Aktualität, Anwendungsbezug, aber auch Offenheit und Integration unterschiedlichster fachlicher Richtungen sind weitere wichtige Elemente dieser Schriftenreihe. Deshalb soll die Einbindung von externen Autoren, auch aus der Privatwirtschaft, in Zukunft eine Selbstverständlichkeit werden, da unterschiedliche Perspektiven auf einen Untersuchungsgegenstand auch immer neue Horizonte im eigenen Denken eröffnen. Der erste Band zum Thema „Public Private Partnership" nimmt diesen Aspekt bereits auf.

Im Namen des An-Institutes PubliCConsult danke ich allen Beteiligten nochmals herzlich, die an dem Zustandekommen dieser Schriftenreihe beteiligt waren und mitgeholfen haben.

Halberstadt im Februar 2005

Jürgen Stember

Vorsitzender des An-Instituts
PubliCConsult – Insitut für Verwaltungsmanagement e.V.

Vorwort

zum Band 1 der Schriftenreihe für angewandte Verwaltungsforschung

Public Private Partnerships.
Zukunftsmodelle für öffentliche Verwaltungen

Kooperationen von öffentlichen Verwaltungen untereinander und mit privaten Unternehmen werden heute immer bedeutsamer. Ist die Zusammenarbeit zwischen öffentlichen Verwaltungen zumindest in einigen Bereichen verbreitet und teilweise auch gesetzlich vorgeschrieben, so hat sich die Zusammenarbeit mit privaten Unternehmen aus dem traditionellen Staatsverständnis heraus immer als schwierig erwiesen. Aus dem Ursprungsland der PublicPrivate Partnership (PPP), der USA, kamen in den achtziger Jahren zunehmend Ansätze und Ideen nach Europa. In Deutschland jedoch wurden diese Ansätze erst sehr spät als Handlungsoption begriffen und sukzessive gerade in größeren Stadtbauprojekten eingeführt.

Spätestens mit der Einführung der neuen Steuerungsmodelle seit Anfang der neunziger Jahre wird bei den Kommunen sehr intensiv über entsprechende Modelle der Zusammenarbeit nicht nur mit privaten Unternehmen, sondern in einer intensiveren Form auch mit anderen Verwaltungen oder öffentlichen Unternehmen nachgedacht. Den gesamten Prozess beschleunigt haben vor allem die krisenhaften und insbesondere in den letzten Jahren katastrophal anmutenden Situationen der öffentlichen Haushalte. Mit zunehmender finanziell angespannter Gesamtlage schwinden langsam auch normative Bedenken oder persönliche Vorbehalte von leitenden Akteuren gegen eine Partnerschaft. Nun werden also nicht mehr nur große Infrastrukturprojekte, zum Beispiel die jüngst, in Norddeutschland gefeierte Fertigstellung der Autobahn A 31 Ruhrgebiet - Emden, die nun das Ruhrgebiet ohne Unterbrechung mit Ostfriesland verbindet, durch private Gelder realisiert. Es geraten auch zunehmend kleinere und mittlere Aufgaben innerhalb der Verwaltungen in das Blickfeld einer möglichen partnerschaftlichen Erledigung und Erfüllung gemeinsam mit Privaten.

Der vorliegende Band mit dem Titel „Public Private Partnership. Zukunftsmodelle für öffentliche Verwaltungen" hatte seinen Ausgang in einer Veranstaltung des An-Instituts und des Fachbereichs Verwaltungswissenschaften im Oktober 2004. Die Aktualität hat uns in den nachfolgenden Diskussionen dazu ermutigt, den ersten Band unserer neuen Schriftenreihe diesem Thema zu widmen. Die vorliegenden Beiträge diskutieren jedoch nicht nur das Konzept des Public Private Partnership, sondern gehen zum Teil darüber hinaus, in dem sie auch Kooperationen zwischen Verwaltungen berücksichtigen.

Kooperationen werden in allen Beiträgen als Überlebens- und Zukunftsstrategie, ja als Zukunftsmodelle erachtet. Und in der Tat scheinen angesichts der bedrohlichen Situation der Verwaltungen kaum andere Alternativen zu existieren. So eindringlich die Appelle der Autoren und so sinnvoll und nachvollziehbar die inhaltlichen Argumentationen auch sind, so schwierig stellt sich die strategische und operative Umsetzung im Alltag und in der Praxis dar. Und dort setzt auch das Beratungsangebot des An-Instituts an, das gerne in Anspruch genommen werden kann.

Abschließend sei an dieser Stelle allen gedankt, die sich bei der Realisierung dieses Bandes als Autoren beteiligt haben. Der Dank gilt insbesondere den Herren Dr. Mark Fudalla und Christian Wöste von der KPMG Unternehmensberatung in Köln, die sich neben einigen Kollegen des Fachbereichs Verwaltungswissenschaften dazu bereiterklärt haben, diesen Band durch ihre Perspektiven und Diskussionen zu bereichern.

Halberstadt im Februar 2005

Jürgen Stember

Herausgeber

Inhalt

JÜRGEN STEMBER
Partnerships und Kooperationen: Praktische Kooperationsmodelle
für zukunftsfähige Verwaltungen?   8

CHRISTIAN ROSCHMANN
Public-Private-Partnerships. Versuch der Bestimmung eines
Begriffes und seiner Operationalisierung.   36

WOLFGANG BECK
Rechtliche Rahmenbedingungen von Public Private Partnerships   54

MICHAEL GRIMBERG
Organisation öffentlicher Sportstätten als Beispiel für kommunale
Kooperationen   77

MATTHIAS KNÖDLER UND CHRISTIAN WÖSTE
Zwischen Konkurrenz und Kooperation. Mit der Doppik im
interkommunalen Leistungsvergleich zu neuen Ufern?   95

MARK FUDALLA
Outsourcing und Public-Private-Partnerships:
Theorie und kritische Erfolgsfaktoren   123

Autorenverzeichnis   150

Jürgen Stember

Partnerships und Kooperationen: Praktische Kooperationsmodelle für zukunftsfähige Verwaltungen?

Gliederung

1 Einführung, Begrifflichkeiten und Thesen

2 Eigenschaften von Kooperationen und Partnerschaften

3 Motivationen und Erfolgsvoraussetzungen für Kooperationen

4 Kooperationsprozess und Kooperationserfolg

5 Vorbild Privatwirtschaft?

6 Konkrete Beispiele für die öffentliche Verwaltung

7 Resümee

1 Einführung, Begrifflichkeiten und Thesen

Trotz aller Probleme sind Partnerschaften und Kooperationen besonders in der privaten Wirtschaft von fundamentaler Bedeutung für die aktuelle und zukünftige Wettbewerbsfähigkeit und damit für das wirtschaftliche Überleben schlechthin. Bei den öffentlichen Verwaltungen scheint es sich nur langsam und schrittweise herumzusprechen, dass Kooperationen untereinander und auch mit privaten Unternehmen zu deutlichen Vorteilen führen. Während also Kooperationen und Partnerschaften bei den privaten Unternehmen traditionell verankert sind und besonders zukünftig deutlich intensiver praktiziert werden, sind Partnerschaften im Bereich der öffentlichen Verwaltung bezogen auf die gesamte Leistungspalette erheblich unterrepräsentiert und nur in einigen Bereichen anzutreffen. Hier sind es nur ausgewählte, zumeist größere Projekte auf Bundes- und Landesebene zur Realisierung oder gemeinsamen Finanzierung von Infrastrukturprojekten oder im kommunalen Bereich Projekte im Städtebau.[1]

Grundsätzlich geht es bei Kooperationen oder Partnerschaften um eine **inhaltlich begrenzte, temporär befristete oder auch langfristige Zusammenarbeit von zwei Partnern**, die gemeinsam das Ziel verfolgen, ihre Leistungen entweder zu verbessern, zu innovieren oder die bestehenden Leistungen konkurrenzfähiger anzubieten. Die Partner versuchen **Synergien** als besondere Effekte durch das

---

[1] Vgl. zum Beispiel HEINZ/SCHOLZ 1996.

gemeinsame Wirken an einer Aufgabe oder auch „**Win-to-Win-Situationen** als Ergebnis eines Prozesses, bei dem beide Partner „gewinnen", herzustellen. Kooperationen und Partnerschaften sind damit nie Selbstzweck bzw. eine „Sympathieerklärung", sondern reines Mittel zum Zweck.

Wissenschaftstheoretisch ist die Beschäftigung mit Kooperationen auf die **Spieltheorie**, als wichtiger Zweig der Entscheidungstheorie, zurückzuführen. Dabei stehen sich idealer weise zwei Spieler gegenüber, die Interessen verfolgen und über entsprechende Mittel verfügen. Sofern sich die Interessen und Ziele ganz oder in Teilen überschneiden, können die zusammengelegten Mittel zu einem „**kooperativen Handeln**" und damit letztlich zu einem größeren Nutzen führen, als wenn die einzelnen Mittel oder Ressourcen nur einfach addiert werden. Verändern sich Ziele, Interessen und Rahmenbedingungen oder zeigen die zur Verfügung stehenden Mittel sich sehr asymmetrisch dar, kann dieses „Zusammenspielen" jederzeit aufgelöst werden. Die Kooperation steht als Stärkung somit in direkten Gegensatz zu einer so genannten Defektion (Schwächung).[1]

Kooperationen spielen jedoch nicht nur in der Spieltheorie eine bedeutsame Rolle, sondern vor allem auch in der realen Verhaltenswelt von Unternehmen und öffentlichen Verwaltungen. Durch die besonderen Effekte des verstärkten internationalen Wettbewerbs werden (internationale) Kooperationen zu einem wichtigen Wettbewerbsfaktor. So war beispielsweise in den USA in der Zeit von 1996 und 2001 eine Kooperationswelle zu beobachten, hier wurden 57.000 Allianzen registriert.[2]

Abb. 1: Begrifflichkeiten

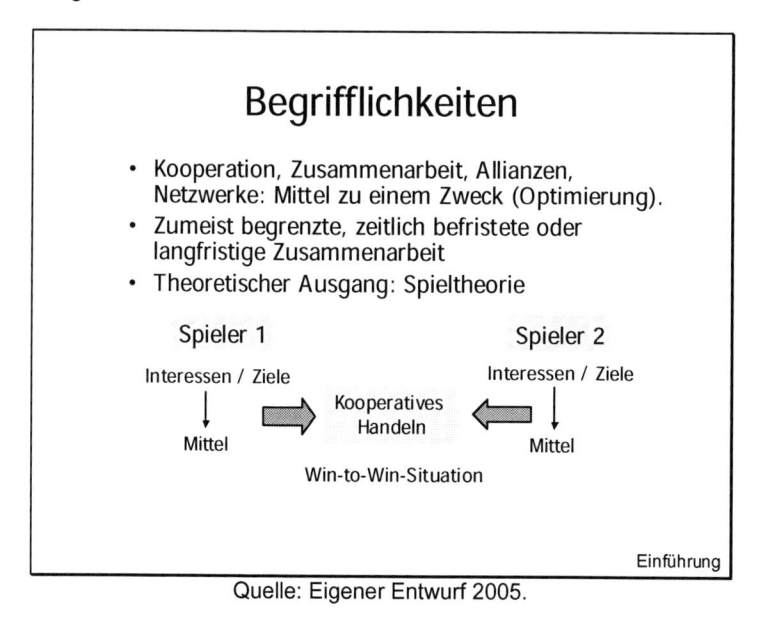

```
Begrifflichkeiten

• Kooperation, Zusammenarbeit, Allianzen,
  Netzwerke: Mittel zu einem Zweck (Optimierung).
• Zumeist begrenzte, zeitlich befristete oder
  langfristige Zusammenarbeit
• Theoretischer Ausgang: Spieltheorie

        Spieler 1                    Spieler 2
     Interessen / Ziele          Interessen / Ziele
          ↓      Kooperatives       ↓
                  Handeln
        Mittel                       Mittel
              Win-to-Win-Situation

                                        Einführung
```

Quelle: Eigener Entwurf 2005.

---

[1] Vgl. PANKAU 2002, S. 130.
[2] Vgl. DYER/KALE/SINGH 2004, S.47.

Doch bekanntlich kooperieren nicht nur private Unternehmen. Grundsätzlich sind in diesem Untersuchungszusammenhang die unterschiedlichen Kooperationsakteure zu unterscheiden. Kooperieren öffentliche Verwaltungen, öffentliche Unternehmen oder private Unternehmen unter- oder miteinander, spricht man wechselseitig von PublicPublic-Partnership (PPP), Public-Private-Partnership (PPP) oder einfach von öffentlichen Kooperationen. Im Herkunftsland der Public-Private-Partnerships, der USA, existiert ein Erfahrungshintergrund von über 60 Jahren[1], ein regelrechter Boom von PPP setzte jedoch erst in den 70er Jahren ein. Im europäischen Kontext von Public Private Partnership treten besonders Großbritannien und die Niederländer in Erscheinung und galten zumindest Anfang der 2000er Jahre zu den Vorbildern auch für Deutschland.[2] Vor allem aufgrund der großen finanziellen Krise der öffentlichen Haushalte gehen nun verstärkt öffentliche Verwaltungen den Weg einer Kooperation mit privaten Unternehmen, um einerseits Einsparungen realisieren zu können oder andererseits bestimmte Projekte überhaupt realisieren oder bisherige Leistungsstandards aufrechterhalten zu können. Dabei gelten nicht nur **Kooperationen** mit Privaten, sondern auch mit anderen öffentlichen Verwaltungen als **Schlüssel für die Zukunft**.

Auch in den Hochschulen, die traditionell einen hohen Drittmittel-Anteil besitzen, wird immer stärker über diese neue Form der Zusammenarbeit nachgedacht.[3] Eine Finanzierung durch Drittmittel gehörte jedoch schon früh zu den Formen der Aufgabenteilung, insbesondere im Forschungsbereich.

Idealtypische Differenzierung

Egal, um welche Kooperationen es sich im Einzelnen handelt, ist es sehr wichtig, sich um die grundlegenden Motivationen und Intentionen von Kooperationen im Klaren zu werden. Wesentliche Erfolgsfaktoren und Bestimmungsgrößen sind hieraus zum Teil abzuleiten. In der wissenschaftlichen, aber auch besonders in der praktischen Betrachtung sind zwei wesentliche Grundtypen bzw. Perspektiven zu differenzieren, die in Abbildung 2 aufgezeigt worden sind: Zum einen handelt es sich um **Typ A**, um eine deterministische, sogenannte „Outside-In-Perspektive" und zum anderen um den **Typ B**, um die voluntaristische, so genannte „Inside-Out-Perspektive".[4]

Der **Kooperationstyp A** zeichnet sich dadurch aus, dass er eigentlich gar nicht kooperieren möchte, sondern durch äußere Rahmenbedingungen (von außen = Outside-In) dazu gezwungen wird (deterministisch). Die Umwelteinflüsse sind folglich deutlich stärker als die eigene Einsicht in den Sinn von Kooperationen. Der Kooperationstyp A bewegt sich also „geschoben" und erst dann, wenn es gar nicht mehr anders geht, zu einem Partner. Kooperationen sind damit für den Typ A als eine Überlebensstrategie zu bezeichnen. In der Alltagssprache bezeichnet man diese „Not-Partnerschaften" mit dem Bild der zwei Ertrinkenden, denen das Wasser jeweils bis zum Hals steht und die sich in Folge dessen verändern müssen, um nicht zu sterben.

---

[1] Vgl. BUDÄUS/GRÜNING 1997, S. 25.
[2] Vgl. FRIEDRICH-EBERT-STIFTUNG 2002 und KASPEREIT 2002, S. 6.
[3] Vgl. dazu KONEGEN-GRENIER/WINDE 2000.
[4] Vgl. PANKAU 2002, S. 155.

Innerhalb dieser gedachten Struktur ist der **Kooperationstyp B** hingegen stetig auf der Suche nach geeigneten Partnerschaften. Er will tatsächlich die Zusammenarbeit mit anderen (voluntaristisch) und versucht, andere dafür zu interessieren und zu begeistern, quasi von innen nach außen zu wirken (Inside-out-Perspektive). Er ist aus innerer Überzeugung ständig auf der Suche nach Optimierungen und sieht das als strategisches Grundraster seiner Aktivitäten: Kooperation als Optimierungs- statt Überlebensstrategie. Auch hierzu hat man ein alltagssprachliches Motto, dass zwei „Gesunde noch gesünder, bzw. zwei Dicke noch dicker" werden wollen.

Kooperationstyp B hat sich in der Praxis und in der Theorie als wesentlich effizienter und vor allem erfolgreicher dargestellt. Die Gründe dafür sind sehr vielschichtig und beziehen sich maßgeblich auf Vorteile durch

- erheblich mehr Eigeninitiative,
- strategische Ausrichtungen,
- mehr Erfahrungen in der Kommunikation und Kooperation,
- mehr Praxiskontakte.

Allerdings beinhalten Partnerschaften nicht ausschließlich nur Vorteile, sondern auch Nachteile. So positiv sich Kooperationen in vielen Fällen darstellen, so risikoreich sind sie jedoch in sensiblen Bereichen, wie z. B.

- Vertrauen,
- Datensicherheit,
- ...

Abb. 2: Kooperationen – zwei grundlegende Typen

Kooperationen – Zwei grundlegende Typen

Typ A	Typ B
Deterministisch: Outside-In-Perspektive	Voluntaristisch: Inside-Out-Perspektive
„Zwei Partnern steht das Wasser bis zum Hals"	„Zwei Gesunde wollen noch gesünder werden!"
Kooperation als Überlebensstrategie	Kooperation als Optimierungsstrategie
Umwelteinflüsse überwiegen	Eigeneinsicht und ständige Suche nach Optimierung

Einführung

Quelle: Eigener Entwurf 2005.

Im Verlauf dieses Beitrages werden noch ausreichend Bezüge zu diesen beiden Grundtypen der Partnerschaften erfolgen.

Vier zentrale Thesen

Bei der Untersuchung des Themas standen sehr schnell folgende vier Thesen im Vordergrund, die insbesondere aus der eigenen empirischen Erfahrung resultierten:

1. Verstärkte Kooperationen sind trotz aller Schwierigkeiten und Probleme nicht nur grundsätzlich positiv zu bewerten, sondern sind in Zukunft lebenswichtig, wenn nicht sogar überlebenswichtig.

2. Kooperationen sind keine Liebespartnerschaften, sondern **zielgerichtete, strategische, zeitlich begrenzte Zweckbündnisse** mit definierten Endergebnissen.

3. Das Potenzial von Kooperationen ist besonders in öffentlichen Verwaltungen bei weitem noch nicht erschlossen, geschweige denn erschöpft.

4. Werden Kooperationen durchgeführt, so erfüllen sie häufig die Eigenschaften von Typ B (s.o.), d.h. sie erfolgen nur gezwungen und unfreiwillig. Damit sind ihre Erfolgsaussichten ebenfalls nicht größer.

2 Eigenschaften von Kooperationen und Partnerschaften

Wie bereits allgemein geschildert, sind Partnerschaften und Kooperationen auf der einen Seite sinnvoll und vernünftig, auf der anderen Seite gleichzeitig sehr schwierig, zeitaufwendig und ebenso nicht risikolos. Es gibt damit so genannte Treiber von Kooperationen und Hemmnisse, die im Folgenden etwas ausführlicher beschrieben werden sollen.

2.1 Vorteile von Kooperationen

Warum Kooperationen allgemein und gerade in der heutigen sozioökonomischen Situation erfolgreich und sinnvoll sind, zeigen folgende wesentliche Eigenschaften, die in Abbildung 3 zusammengefasst sind.

Allen voran steht natürlich der grundsätzliche Vorteil durch die so genannten „economies of scale", d. h. durch Größen- und Mengeneffekte. Zwei, drei oder noch mehrere Partner stellen zusammen eine deutlich größere Nachfrage dar als eine Institution allein, womit die Verhandlungspositionen erheblich verbessert werden. Dies gilt jedoch nicht nur für die Nachfrage im Sinne von Einkaufsgemeinschaften, sondern auch beim Angebot, wenn mehrere Partner gemeinsam ein Produkt erzeugen bzw. eine Dienstleistung erstellen. Die Grundphilosophie ist ebenfalls allseits bekannt: Gemeinsam ist man stark!

Weitere positive Effekte entstehen durch die **Bündelung von Ressourcen**, die nicht nur materieller Art sind, sondern den zunehmend wichtigen informellen bzw. ideellen Aspekt betreffen. **Wissen, Informationen, Know-How** und vieles andere mehr stehen nun beiden Partnern zur Verfügung. Darüber hinaus ist es von besonderer Bedeutung voneinander zu lernen, wie man mit kritischen Situationen umgeht, Probleme löst. In der praktischen Erfahrung bringen unterschiedliche Partner auch immer **unterschiedliche Problemlösungsalternativen und Talente** mit. Ein **Lernprozess** kann so für alle Beteiligten erhebliche Vorteile und wesentlich bessere Resultate und Ergebnisse bringen, die jedoch leider nicht immer sofort zu quantifizieren sind. Manchmal sind sie auch zeitlich oder inhaltlich begrenzt wahrnehmbar.

Gerade für öffentliche Verwaltungen können Partnerschaften **umfangreiche Einsparungen** hervorbringen. Im Unterschied zu privaten Betrieben können Verwaltungen nicht ihre Dienstleistungsprofile komplett verändern, wohl aber ihren Erstellungs- und Distributionsprozess. Ein gemeinsam organisierter Bürgerservice in einem Kreisgebiet ist allemal günstiger als mehrere Bürgerservice-Stellen, die obendrein nicht alle vom Bürger nachgefragten Verwaltungsdienstleistungen beinhalten.

Abb. 3: Zusammenfassung: Warum Partnerschaften sinnvoll sind (Treiber)

Basiseffekte von Kooperationen
Warum **Partnerschaften sinnvoll** sind ... (Treiber)

- Economies of scale (Größen- und Mengeneffekte)
- Allgemeine, qualitative Bündelung von Ressourcen
- Verbesserung von Wissen und Informationen
- Voneinander Lernen
- Zeitlicher oder inhaltlicher Wechsel von Talenten
- Einsparungen „auf breiter Front"
- Optimale Resultate und Ergebnisse

Basiseffekte

Quelle: Eigener Entwurf 2005.

Die wertvollen und erhofften **Synergien** bzw. „Win-to-Win-Effekte" entstehen durch die Bündelung bzw. **Kombination von Ressourcen** einer Verwaltung oder eines Unternehmens. Die kombinierbaren, interdependenten Ressourcen können dabei sehr vielfältig sein:

- Menschliche Ressourcen (Human resources), z. B. Mitarbeiter, Know-How,
- immaterielle Ressourcen, z. B. Markenname (spielt bei Verwaltungen eine geringe Rolle),
- technische Ressourcen, z. B. Patente, eigene Lösungen,
- physische Ressourcen, z. B. Gebäude, Maschinen etc. und nicht zuletzt
- finanzielle Ressourcen.

Die Kombination der vorgenannten Ressourcen kann auf unterschiedlichen Niveaus erfolgen (vgl. auch Kapitel 5), die von einer reinen Ergebnisverwertung bis hin zu einem iterativen, gemeinsamen Gesamtprozess reichen. Heute werden diese Formen als

- **modulare** Synergien,
- **sequentielle** Synergien und
- **reziproke** Synergien

bezeichnet.[1]

Modulare Synergien entstehen bei der gemeinsamen Verknüpfung von Ergebnissen, wobei alle Partner völlig unabhängig ihre Leistungen bzw. ihre Produkte erstellen. Ein Beispiel ist das Sammeln von Flugmeilen durch Hotels und Airlines, d. h. eine Kombination des Ergebnisses von Leistungen.

Von **sequentiellen Synergien** wird dann gesprochen, wenn Unternehmen oder Verwaltungen Zwischenergebnisse oder Teilleistungen an Partner weitergeben und diese dann in den Wertschöpfungsprozess integrieren. Als Beispiel dafür kann ein Pharmaunternehmen stehen, das sich auf die Entwicklung von Produkten spezialisiert hat, die Zulassungsverfahren für die entsprechenden Produkte jedoch von einer anderen Firma durchführen lässt. Ein großes Problem ist dabei das **Schnittstellenmanagement**, d. h. die vertragliche und sonstige Gestaltung der Übergabe von Leistungen und Produkten.

Als letzte und intensivste Stufe der Synergien gelten die **reziproken Synergien**, die dadurch gekennzeichnet sind, dass Partnerunternehmen und deren Prozesse in einem iterativen Erstellungsprozess stehen. Dieser sehr aufwendige Anpassungsprozess stellt sehr hohe Anforderungen an alle Abteilungen und Einrichtungen.

---

[1] Vgl. DYER/KALE/SINGH 2004, S. 51.

2.2 Probleme und Hemmnisse von Kooperationen

Wenn Kooperationen nur Vorteile hätten, wären sie sicher in allen hier betrachteten Systembereichen deutlich weiter verbreitet als wir dies beobachten können. Woran liegt es also, dass Kooperationen zwar auf dem Vormarsch sind, aber gerade im Bereich der öffentlichen Verwaltungen eine eher untergeordnete Rolle spielen? Wie bei den Vorteilen soll auch hier ein näherer Blick Probleme und Hemmnisse verdeutlichen.

Insbesondere bei den öffentlichen Verwaltungen spielt die **fehlende Kooperationstradition** trotz umfangreicher horizontaler und vertikaler Verflechtungsbeziehungen eine wesentliche Rolle für die aktuelle Situation. Aufgrund der in der Vergangenheit noch relativ günstigen finanziellen Ausstattung der Gebietskörperschaften war es einfach nicht erforderlich, Partnerschaften einzugehen.

Darüber hinaus bekommt man die Ergebnisse einer Kooperation keinesfalls zum Nulltarif. Im Vorfeld muss erheblich in die Partnerschaft investiert werden, sei es durch materielle **Vorleistungen** oder durch umfangreiche Vorarbeiten, z. B. durch Vertragsgestaltungen etc. Dies Leistungen müssen gerade **in der Anfangsphase** erbracht werden, in der der Erfolg der Kooperation keineswegs garantiert ist.

Zu diesen Problemen gesellen sich vor allem im kommunalen Kontext zusätzlich **Vorbehalte der Politik**, die sich in Konkurrenz zu beispielsweise anderen Kommunen und damit besonders die Gefahren einer Partnerschaft sehen. Die Führungskräfte stehen den Politikern oftmals jedoch in nichts nach. Kooperationen oder auch nur gemeinsame Anfragen im Vorfeld werden oftmals schon als **Schwäche** angesehen, Zusammenarbeit als unmittelbare Bedrohung eigener Kompetenz und Handlungsbeschränkung.

Dabei müssen die hier skizzierten eher **emotionalen Vorbehalte** strukturell deutlich von den tatsächlichen Effekten getrennt werden. Denn in der Tat ist nicht von der Hand zu weisen, dass enge Kooperationen zum Teil nicht unerhebliche **Identitätsverluste** und Beschneidungen eigener **Handlungsoptionen** implizieren (können). Diese Gefahren sind real nachweisbar und deshalb immer in die Kooperationsplanungen einzubeziehen.

Auch in der Spieltheorie werden schon die problematischen Effekte von Kooperationen erkennbar, die nicht nur positiv bewertet werden, sondern auch das **Risiko einer „Ausnutzung"** durch den Partner beinhalten.[1] Kooperation ist damit immer auch ein **strategisches und operatives Risiko**.

---

[1] Vgl. dazu auch PANKAU 2002, S.131.

Abb. 4: Zusammenfassung: Warum Partnerschaften so schwierig sind (Hemmnisse)

Basiseffekte von Kooperationen
Warum Partnerschaften so schwierig sind ...

- Oftmals fehlende Kooperationstraditionen
- Kooperation als Identitätsaufgabe, Schmaler Grad zwischen Autonomie und Interdependenz
- vermeintliche Schwäche und drohender Kompetenzverlust
- Zunächst hoher Aufwand in der Anfangsphase
- Misstrauen gegenüber Partnern
- (kommunal-)politische Vorbehalte
- Strategisches und operatives Risiko
- Partnersuche als Problem

Basiseffekte

Quelle: Eigener Entwurf 2005.

Nicht zuletzt tauchen – wie in einer zwischenmenschlichen Partnerschaft auch – grundsätzliche Probleme auf, wie die **Suche des Partners** oder das anfängliche, manchmal auch anhaltende **Misstrauen** gegenüber dem gewählten Partner. Beide Aspekte gelten als nicht unerhebliche Hemmnisse, wobei die Partnersuche bei Firmen oder Verwaltungen sich sicherlich einfacher gestalten lassen kann. Das Misstrauen bleibt jedoch ein gewichtiges Problem, das sich nur durch praktisches Austesten und Probieren lösen lässt.

3 Motivationen und Erfolgsvoraussetzungen für Kooperationen

Wie bei der Typenbeschreibung in der Einführung existieren als Auslöser für Kooperationen immer auch gewichtige Motivationen, die grundsätzlich zum einen das Überleben oder zum anderen das Optimieren als Ursache haben. Im wesentlichen sind es jedoch folgende konkrete Motivationen, die in der öffentlichen Verwaltung, insbesondere bei den Kommunen, eine wichtige Rolle spielen:

- Die finanzielle Krise: Entweder Einsparüberlegungen oder Erhalt von Standards, die ansonsten abgesenkt werden müssten oder Realisierung neuer Ziele, die sonst nicht umgesetzt werden könnten.

- Die Erkenntnisse, dass die Probleme aufgrund qualitativer oder quantitativer Ursachen vor Ort nicht mehr allein zu lösen sind.

- Know-How-Defizite, die ein bestimmtes oder neues Fachgebiet betreffen,

- Die Neuordnung eines Fachgebiets, z. B. der Wirtschaftsförderung oder auch nicht zuletzt

- neue komplexe Handlungserfordernisse, z. B. eGovernment als abteilungs- und verwaltungsübergreifende Herausforderung des politisch-administrativen Systems.

Erfolgsvoraussetzungen für Kooperationen

Vor der Entstehung bzw. nach Klärung der Motivationslage einer Kooperation sollten die drei grundsätzlichen Erfolgsvoraussetzungen für eine Partnerschaft intensiv beleuchtet werden. Diese drei Grundvoraussetzungen bestehen in (vgl. Abb. 5): [1]

- Der Kooperationsbereitschaft,
- der Kooperationsfähigkeit und nicht zuletzt
- den kooperationsspezifischen Rahmenbedingungen.

Die **Kooperationsbereitschaft** setzt voraus, dass beide Partner willens sind miteinander zusammenzuarbeiten („Willingness"). Wenn beide Partner eher dem Typ A (s.o.) zuzurechnen sind, sehen die Erfolgsvoraussetzungen schon erheblich schlechter aus. Wer nur aus Zwang handelt, ist wenig motiviert, von dem eigenen Handeln wenig überzeugt und damit anfällig für Fehler und Probleme. Partner vom Typ B hingegen weisen diese Erfolgsvoraussetzung auf und suchen solche Situationen. Sie zeichnen sich durch strategisches Denken, Entschlossenheit und Veränderungsbereitschaft aus

Die **Kooperationsfähigkeit** bezeichnet bei den kooperationswilligen Partnern die Fähigkeit über ausgewählte Kompetenzen zu verfügen („Ability"). Zu diesen Kompetenzen und Techniken zählen im wesentlichen soziale Kompetenzen, Fachkompetenzen sowie Kommunikationsfähigkeiten, sowohl anfangs auf der Ebene der „Koo-

---
[1] Vgl. hier und im Folgenden PANKAU 2002, S. 190 ff.

perationsbeginner" (Führungskräfte, Bürgermeister, Verwaltungsleiter etc.) als auch später bei den verantwortlichen und umsetzenden Mitarbeitern.

Doch nicht nur die Bereitschaft und Fähigkeit ist ganz entscheidend für den Erfolg von Partnerschaften, sondern auch die **generellen Möglichkeiten und Rahmenbedingungen** („Possibility") für die Partnerschaft. Diese grundlegenden Rahmenbedingungen können zum einen die Partner direkt betreffen, z. B. durch Leitbilder, Grundsätze, Philosophien oder rechtliche Bindungen, oder zum anderen die Partner indirekt betreffen, z. B. durch allgemeine rechtliche Vorgaben oder andere Umfeldvariablen.

Abb. 5: Erfolgsvoraussetzungen von Kooperationen

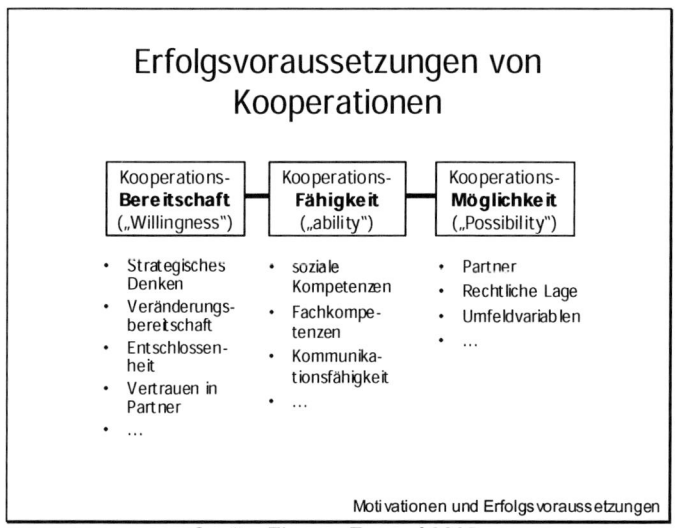

Erfolgsvoraussetzungen von Kooperationen

Kooperations- **Bereitschaft** („Willingness")	Kooperations- **Fähigkeit** („ability")	Kooperations- **Möglichkeit** („Possibility")
• Strategisches Denken • Veränderungsbereitschaft • Entschlossenheit • Vertrauen in Partner • …	• soziale Kompetenzen • Fachkompetenzen • Kommunikationsfähigkeit • …	• Partner • Rechtliche Lage • Umfeldvariablen • …

Motivationen und Erfolgsvoraussetzungen

Quelle: Eigener Entwurf 2005.

Die genannten Erfolgsvoraussetzungen machen deutlich, dass **Kooperationen kein spontaner Akt** sein können, sondern schon im Vorfeld sorgfältig nach den Erfolgschancen austariert werden müssen. Anderseits würden die Bemühungen um eine Verbesserung der eigenen Situation nicht erfolgreich sein.

4 Kooperationsprozess und Kooperationserfolg

Kooperationsprozess

Der Kooperationsprozess lässt sich je nach spezifischer und problemrelevanter Differenzierung in zahlreiche Phasen unterteilen. In Abbildung 6 ist dieser Prozess in 6 Einzelphasen eingeteilt, von der **Problemwahrnehmung** (Motivationen für die Auslösung) bis hin zur möglichen (erfolgreichen) Auflösung der Kooperation. In der Regel gibt es immer eine oder mehrere Ursachen für Handlungsaktivitäten: Entweder werden Probleme direkt oder indirekt wahrgenommen, entweder vermutet man Probleme im Vorfeld oder man sieht sich unvorbereitet schwierigen Problemen gegenüber. Wie auch immer, auf der Grundlage dieser Problemperzeption (Problemwahrnehmung) entsteht ein Problemlösungsdenken, das im Idealfall auf die grundsätzliche Aufnahme bzw. **Initiierung von Partnerschaften** bzw. Kooperationen hinausläuft (Phase 2).

Abb. 6: Der Kooperationsprozess – 6 Stationen

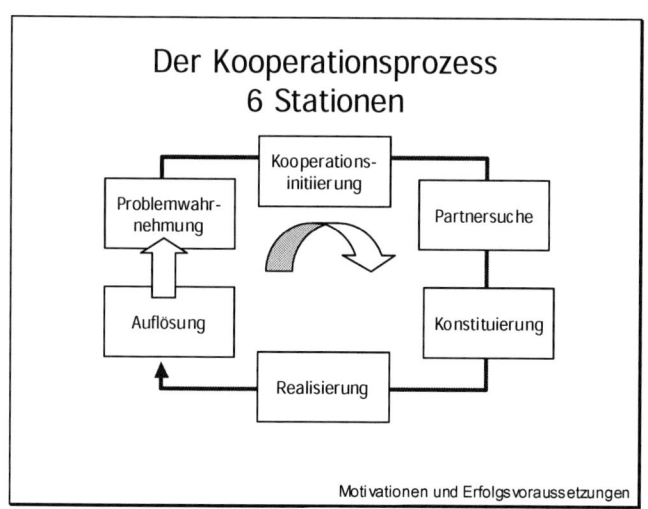

**Der Kooperationsprozess
6 Stationen**

- Problemwahrnehmung
- Kooperationsinitiierung
- Partnersuche
- Konstituierung
- Realisierung
- Auflösung

Motivationen und Erfolgsvoraussetzungen

Quelle: Eigener Entwurf 2005.

Danach geht der Kooperationsprozess in die aktuelle **Partnersuche** (Phase 3) über, die ganz unterschiedlich gestaltet sein kann, von der informellen Suche über traditionelle Medien und Formen bis hin zur Online-Ausschreibung. Auch die Art des Partners sollte an dieser Stelle schon definiert sein: Sucht man gleichartige Partner oder Partner aus der privaten Wirtschaft? Allein aus Sicht der öffentlichen Verwaltungen sind die möglichen Kooperationspartner weit gestreut:

- Kommunale Verwaltungen (Gemeinden, Städte, Verwaltungsgemeinschaften, Kreise, Kommunalverbände),

- staatliche Verwaltungen (Regierungsbezirke, Landes- oder Bundesverwaltungen, spezielle Ämter etc.)
- öffentliche Unternehmen, z. B. Ver- und Entsorgungsunternehmen, Krankenhäuser, Stadtwerke etc.
- private Unternehmen.

Ist ein Partner ausgesucht und mit den grundlegenden Zielen und Grundsätzen einverstanden, beginnt die **Phase der Konstituierung** (Phase 4). In dieser Phase der Konstituierung, die wohl mit die wichtigste Phase überhaupt ist und innerhalb der sich der Erfolg einer Partnerschaft maßgeblich manifestiert, werden die wichtigen Details geregelt, entweder in losen Kooperationsgrundsätzen oder – und das ist wesentlich häufiger zu beobachten – in einem komplexen rechtlichen Regelungswerk, innerhalb dessen möglichst viele Problemfälle rechtlich geregelt werden. Konflikte sollen damit im Vorfeld weitestgehend verhindert werden.

Hiernach geht es für alle Beteiligten in die **Realisierung** und Umsetzung dieses „Kooperrationsabkommens" (Phase 5), im Verlauf dieser die Beteiligten zu prüfen haben, ob die Kooperation die versprochenen Ergebnisse gebracht hat oder nicht. Kommt man zu einem fortwährend negativem Ergebnis oder zu einem positiven Gesamtabschluss einer definierten Zeit der Zusammenarbeit kann es zur letzten Phase der **Kooperationsauflösung** (Phase 6) kommen. Wohlgemerkt, es kann zu dieser Abschlussphase kommen, aber es muss nicht. Denn zahlreiche Kooperationen sind auf Dauer angelegt oder werden nachträglich, ob der guten Erfolge, verlängert.

Doch wann ist eigentlich eine Kooperation erfolgreich? Ist sie erfolgreich, wenn die Partner zufrieden oder wenn bestimmte finanzielle Ziele erreicht sind? Wann diese „Ziele" erreicht sind und wann eine Kooperation erfolgreich ist, entscheidet natürlich jedes Unternehmen oder jede Verwaltung für sich. Wichtige Instrumentarien für die Erfolgsbeurteilung sollten jedoch in der Initiierungsphase nicht vergessen werden. Denn auch hier gilt der Grundsatz: You can´t manage, what can´t measure, also: was man nicht messen kann, kann man auch nicht erfolgreich managen.

Um diesem Grundsatz bei einer Kooperationsanbahnung zu entsprechen, ist es wichtig, zunächst die **Erfolgskriterien** festzulegen (vgl. auch Abb. 7). Das heißt, es muss die Frage beantwortet werden, woran der Erfolg der Kooperation gemessen werden soll. Für die öffentlichen Verwaltungen stehen zumeist Kriterien für den **operativen Erfolg** im Vordergrund. Hier kann es zum Beispiel um die Gesamtsumme der Einsparungen gehen, bei Unternehmen ist meist der Umsatz oder Steigerung der Gewinne. Bei Unternehmen, die eine Partnerschaft eingehen, sind aber auch oft Elemente des **strategischen Erfolg**s wichtig. Hierbei kann es sich zum Beispiel um die Marktführerschaft, einen Imagegewinn oder um die Erhöhung des Bekanntheitsgrades handeln. In einigen Fällen möchten Unternehmen mit bestimmten Partnerschaften auch ihr ökologisches oder soziales Profil schärfen oder gar erst herstellen. In solchen Fällen werden Partnerschaften mit sozialen Verbänden, Umweltverbänden oder ähnlichem gesucht. Die Verwandtschaft zu Öko- oder Social-Sponsoring ist hierbei nicht mehr weit.

Sind die Kriterien für den Erfolg festgelegt, stellt sich die nächste Frage nach den **Erfolgsindikatoren**, das heißt die Frage nach den konkreten Messwerten. Woran werden also die konkreten Erfolge gemessen? Sofern die konkreten Kriterien festgelegt sind, heißt es, konkrete Werte festzulegen: Wie stark muss der Umsatz gesteigert werden, wie hoch müssen die Einsparungen konkret sein?

Als eine wichtige Hilfe dazu gibt es einen einfachen wie auch banal klingenden Grundsatz, dessen Beachtung aber sehr wichtig ist: **Keep it SMART** (S = simpel, M = messbar, A = angepasst, R = realisierbar und T = terminierbar). Die vereinbarten Kriterien und Indikatoren sollten, genau wie im Steuerungsbereich eines Unternehmens auch

- möglichst einfach (simpel) und verständlich formuliert,
- messbar,
- angepasst,
- realisierbar, d.h. realitätsnah (keine überzogenen Vorstellungen), und nicht zuletzt
- innerhalb einer vernünftigen Zeit erreichbar sein.

Abb. 7: Kooperationserfolg

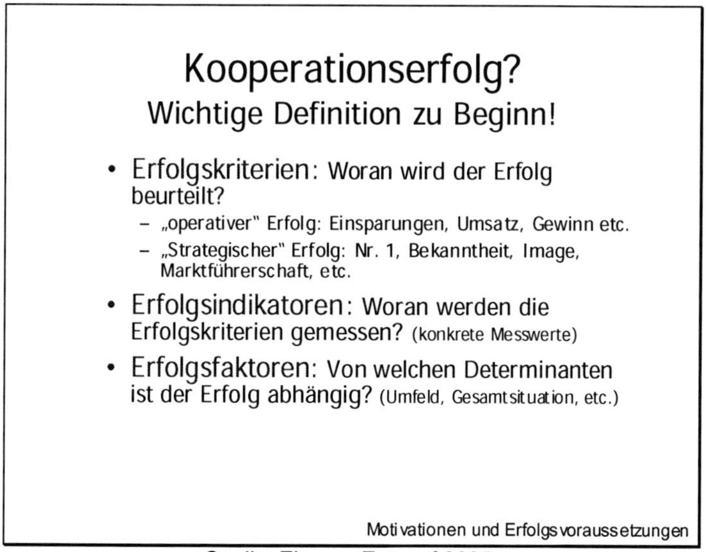

Kooperationserfolg?
Wichtige Definition zu Beginn!

- **Erfolgskriterien**: Woran wird der Erfolg beurteilt?
  - „operativer" Erfolg: Einsparungen, Umsatz, Gewinn etc.
  - „Strategischer" Erfolg: Nr. 1, Bekanntheit, Image, Marktführerschaft, etc.
- **Erfolgsindikatoren**: Woran werden die Erfolgskriterien gemessen? (konkrete Messwerte)
- **Erfolgsfaktoren**: Von welchen Determinanten ist der Erfolg abhängig? (Umfeld, Gesamtsituation, etc.)

Motivationen und Erfolgsvoraussetzungen

Quelle: Eigener Entwurf 2005.

Abschließend sind noch die wichtigen **Erfolgsfaktoren** festzulegen. Sie verweisen auf die erfolgsrelevanten Rahmen- und Umfeldbedingungen und sind natürlich abstrakt, ohne konkreten Beispielsfall schwierig zu beschreiben. Es kann die gesamtwirtschaftliche Situation ebenso hierzu gehören, wie zum Beispiel das Niveau der Energiepreise.

5 Vorbild Privatwirtschaft?

In der Privatwirtschaft – und das wurde anfangs schon erläutert – kommen Partnerschaften eine noch wichtigere Bedeutung zu, denn sie entscheiden aktuell und in Zukunft, ob und wie Unternehmen sich in einem immer stärker werdenden internationalen Wettbewerb behaupten können. Ohne internationale Partnerschaften schaffen es heute auch kleine und mittelständische Unternehmen nicht mehr, sich am Markt zu behaupten oder neue Märkte zu sichern und für sich zu gewinnen.

Aufgrund dieser für viele Unternehmen längeren Tradition von Kooperationen haben sich bereits sehr unterschiedliche Formen institutionalisierter Partnerschaften herausgebildet. In Differenzierung nach Komplexitätsgrad und organisatorischer Anforderung zeigt Abbildung 9 die wichtigsten Formen. Die einfachste und auch häufig zu beobachtende Kooperationsform sind die **hierarchischen Organisationsformen**, z. B. Einkaufsgemeinschaften (s.u.): Deutlich höhere Anforderungen haben dagegen die Netzwerkorganisationen, z. B. Joint ventures oder auch strategische Allianzen, obwohl ihr Komplexitätsgrad relativ gering ist. Ein sehr hoher Komplexitätsgrad fällt den **modularen Organisation** zu, da es bei ihnen um eine auch großräumig verteilte Produktion von Gütern oder Dienstleistungen geht. Beispielsweise lässt ein Unternehmen die Produkte in den USA entwickeln, in Asien produzieren, in Europa zusammensetzen und in Afrika vertreiben. International verbundene Wertschöpfungsketten als Zusammenschluss von mehreren Unternehmen und/oder Unternehmensteilen, die nur dadurch funktionieren, weil seit einigen Jahren auf hochleistungsfähige Kommunikationsstrukturen und Rechnernetze zurückgegriffen werden kann.

Abb. 9: Vorbild Privatwirtschaft? Organisation privatwirtschaftlicher Kooperationen

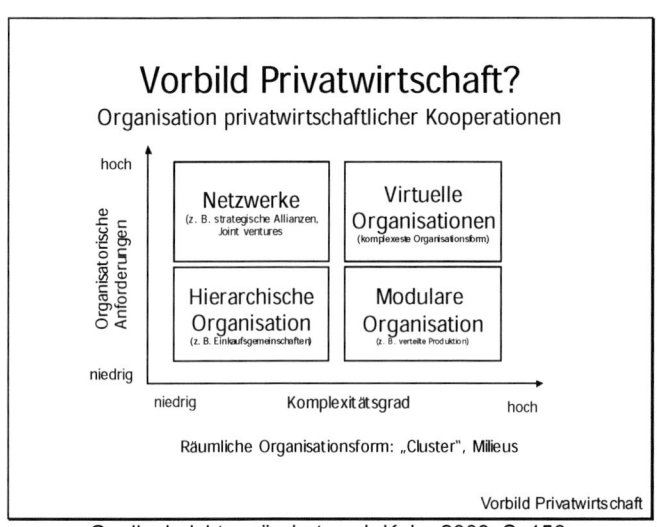

Quelle: Leicht verändert nach Kuhn 2003, S. 156.

Abschließend kann noch auf die jüngste Form, die **virtuelle Organisationsform** hingewiesen werden, die gleichsam die komplexeste Form darstellt, allerdings auch mit den höchsten organisatorischen Herausforderungen.

Strategische Allianzen

Ein wichtiger und häufig genannter Aspekt sind die so genannten strategischen Allianzen, die zu den Netzwerk-Organisationen zählen. Sie sind dadurch geprägt, dass die Partner, teilweise auch Konkurrenten, in bestimmten Funktionsbereichen, z. B. der Produktion, miteinander kooperieren und sich damit einen wichtigen Vorteil verschaffen. Sofern es Konkurrenten sind, ist es von besonderer Bedeutung eine Balance zu finden zwischen Konkurrenz und Kooperation, was zum Beispiel auch für kooperierende Wirtschaftsförderungen oder Standorte gilt.

Strategische Allianzen können als temporär begrenzte Partnerschaften von sehr langer Dauer sein, sie können allerdings auch nur auf einen kurzen Zeitabschnitt begrenzt sein. Die langlebigen Allianzen bezeichnet man auch als *Joint Ventures*, die auch über Vernetzungen zu einem permanenten Zusammenschluss führen können. Eine Sonderform der strategischen Allianzen stellen die Einbindungen in so genannte **Commodity Chains** dar (vgl. auch Kapitel 2). Dies sind integrierte Wertschöpfungsketten, zumeist in einem räumlichen Standortzusammenhang, in der die einzelnen Partner kurz- oder langfristig in bestimmte Funktionsbereiche eingebunden sind.

Die Beispiele aus der Privatwirtschaft zeigen, dass hier freiwillige Kooperationsstrukturen entwickelt worden sind, die teilweise eine hohe Effizienz haben und für das wirtschaftliche Überleben existenziell waren. In der öffentlichen Verwaltung existieren einige „Wertschöpfungsketten" schon durch gesetzliche Vorgaben, in dem beispielsweise mehrere Verwaltungen für die Erstellung eines Bebauungsplanes zuständig sind. Gerade für diese formalisierten Verfahren existieren damit schon lange Kooperationen, die im Zuge der Verwaltungsreformen noch stärker ausgebaut werden. Für andere Verwaltungsprozesse sind solche Kooperationsprozesse jedoch immer dann nahezu unbekannt, wenn es freiwillige, bzw. nicht gesetzlich festgeschriebene Zusammenhänge gibt. Und gerade in diesen freiwilligen Aufgabenfeldern, die mit sehr hohen Freiheitsgraden zu organisieren sind, können sich einige der Formen aus der Privatwirtschaft durchaus als Vorbild für die öffentliche Verwaltung erweisen.

6 Konkrete Beispiele für die öffentliche Verwaltung

Im Bereich der öffentlichen Aufgaben gibt es trotz eines insgesamt heute noch geringen Potenzials zahlreiche Beispiele, die die Bedeutung eindrucksvoll belegen. Vor allem im Bereich der kommunalen Aufgaben gibt es mittlerweile schon fast traditionelle Kooperationsgebiete, z. B. Müllabfuhr, Entsorgung, Versorgung. Aus den Kooperationen haben sich zum Teil schon eigene Firmen gebildet. Outsourcing öffentlicher Aufgaben wäre damit auch die richtigere Vokabel.

Im Folgenden sollen in der gebotenen Kürze insgesamt drei Themen angesprochen werden, innerhalb derer sich Kooperationen von öffentlichen Verwaltungen mit anderen Verwaltungen oder privaten Unternehmen sehr lohnen:

- Wirtschaftsförderung und Standortmanagement,
- eGovernment,
- Einkaufsgemeinschaften.

6.1 Einkaufsgemeinschaften und eProcurement

Wie bereits oben erläutert, zählen Einkaufsgemeinschaften zur Realisierung einer stärkeren Nachfrage zu den **hierarchischen Organisationsformen** der privaten Wirtschaft, die diese Vorteile natürlich auch erkannt haben. Diese organisierten Kooperationen zeichnen sich durch einen eher geringen Komplexitätsgrad und (damit) auch sehr geringe organisatorische Herausforderungen aus, sie sind somit eigentlich leicht zu organisieren.

Auf kommunaler Ebene sind diese Formen zwar nicht unbekannt, haben aber insgesamt einen geringen Verbreitungsgrad. Die kooperativen Ziele sind kongruent mit den einzelnen Zielen der Partner und liegen vor allem in den finanziellen Einsparungen und dem Auffinden neuer Finanzquellen (vgl. Abb. 10). Kooperatives Handeln findet damit zum Beispiel durch gemeinsame Bestellungen oder aber im Kontext des eGovernment durch den Aufbau gemeinsamer Ausschreibungs- und Informationsportale statt. Dieses internetbasierten Verfahren wird als eProcurement , d. h. also elektronische Beschaffung, genannt.[1] Das Einsparvolumen der öffentlichen Verwaltungen durch diese neuen Formen der Ausschreibung („eProcurement") wird auf ca. 5 bis 10 % geschätzt. Aber nicht nur die Verwaltungen würden von einer verstärkten Kooperationsform und der Abwicklung über ein internetbasiertes Verfahren profitieren, sondern auch die Firmen als Anbieter von Leistungen und Produkten, die nun viel besser an bestimmte Unterlagen durch entsprechende Portale herankommen.[2]

---

[1] Vgl. dazu umfassend CHRISTMANN/HULAND/MEISSNER 2004.

Abb. 10: Das Beispiel Einkaufsgemeinschaften

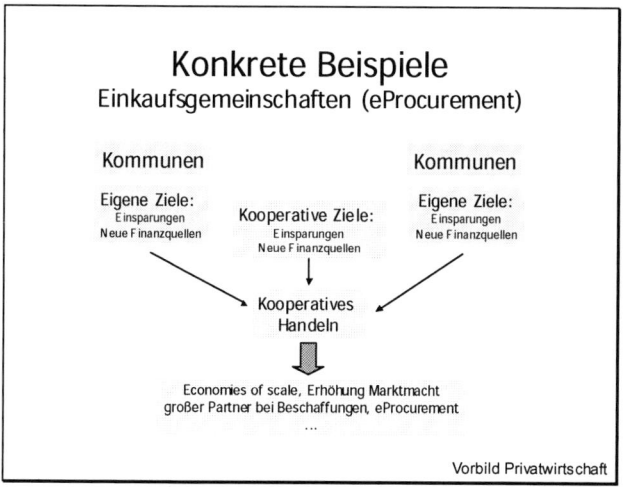

Konkrete Beispiele
Einkaufsgemeinschaften (eProcurement)

Kommunen
Eigene Ziele:
Einsparungen
Neue Finanzquellen

Kooperative Ziele:
Einsparungen
Neue Finanzquellen

Kommunen
Eigene Ziele:
Einsparungen
Neue Finanzquellen

Kooperatives Handeln

Economies of scale, Erhöhung Marktmacht
großer Partner bei Beschaffungen, eProcurement
...

Vorbild Privatwirtschaft

Quelle: Eigener Entwurf 2005.

6.2 Wirtschaftsförderung und Standortmanagement

Die Wirtschaftsförderung ist zu einer sehr wichtigen Aufgabe für die Kommunen geworden und das aus mindestens zwei wesentlichen Gründen. Erstens ist die Wirtschaftsförderung oftmals die einzige Perspektive für die Kommune, um wirtschaftliche Ressourcen zu erschließen und damit letztlich die Kommunalfinanzen zu verbessern. Zweitens wird die kommunale und regionale Wirtschaftsförderung immer wichtiger aufgrund des zunehmenden internationalen Wettbewerbs von Standorten und Firmen.

Obwohl durch die neuen, zumeist internetbasierten Technologien sich die betriebliche Produktion markant verändert und sich erheblich mehr Freiheitsgrade in der unternehmerischen Standortwahl ergeben, zeigt sich die Qualität eines Standorts und seines Managements durch kommunale und regionale Akteure als ein immer noch sehr wichtiges Aufgabenfeld. Diese These, dass räumliche Strukturen und Standorte immer noch sehr wichtig sind, belegen nicht nur die neuesten Cluster-Ansätze in der Wirtschafsförderung, bei denen sich Branchen besonders gut in einem regionalen Schwerpunktzusammenhang entwickeln,[1] sondern auch die zunehmend und stetig steigende Bedeutung des Standortfaktors „Verwaltung".[2] Standorte mit einer gut funktionierenden, wirtschaftsfreundlichen Verwaltung haben im Standortwettbewerb somit deutlich größere Chancen, heimische Betriebe zu halten und

---

[1] Vgl. allgemein zur Cluster-Bildung in der Regionalforschung SCHIELE 2003.
[2] Vgl. dazu insbesondere SALMEN 2001, S .92.

neue Unternehmen anzusiedeln. Durch diese beiden Effekte wird deutlich, dass besonders die bestehenden, ortsansässigen Unternehmen ebenfalls ein profundes Interesse an einer positiven Standortentwicklung haben. Eine Erhöhung des regionalen Angebotes und der regionalen Nachfrage zieht nahezu zwangsläufig eine erhöhte regionale Dynamik und damit auch unternehmerisches Wachstum nach sich. Und wo gleich gelagerte Interessen vorhanden sind, bieten sich sogleich Kooperationen an, die in einigen Regionen und Kommunen schon beachtliche Erfolge gebracht haben.

Abb. 11: Das Beispiel Wirtschaftsförderung und Standortmanagement

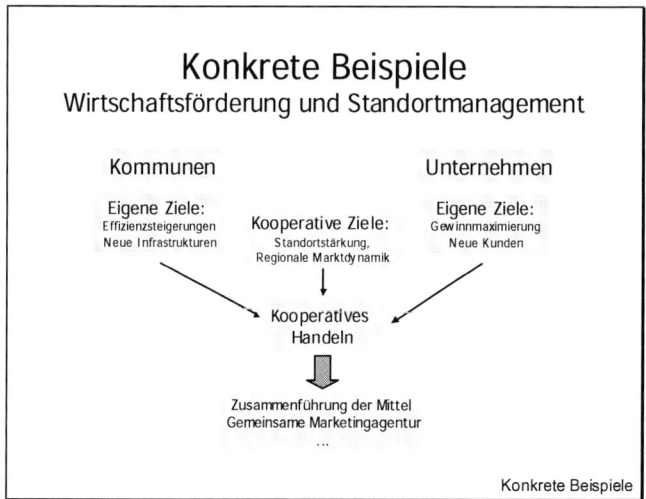

Konkrete Beispiele
Wirtschaftsförderung und Standortmanagement

Kommunen

Eigene Ziele:
Effizienzsteigerungen
Neue Infrastrukturen

Kooperative Ziele:
Standortstärkung,
Regionale Marktdynamik

Unternehmen

Eigene Ziele:
Gewinnmaximierung
Neue Kunden

↘ Kooperatives Handeln ↙

⇩

Zusammenführung der Mittel
Gemeinsame Marketingagentur
...

Konkrete Beispiele

Quelle: Eigener Entwurf 2005.

Wirtschaftsförderung und Standortmanagement gehören zusammen, da Wirtschaftsförderung immer auch an einen konkreten räumlichen Standort gebunden ist. Und diese ganz unterschiedlich dimensionierten Standorte werden heute zum Teil ganz professionell, wie ein eigenes Unternehmen, gemanagt. Hier stehen sehr komplexe und vielschichtige Aufgaben im Vordergrund:

- Externes und internes Standortmarketing,
- Gewerbeflächenmanagement,
- Genehmigungsmanagement,
- Unternehmensakquise oder
- Bestandspflege.

Als komplexe Aufgabe ohne große Möglichkeiten der Aufgabenformalisierung haben sich in diesem Bereich Formen der Zusammenarbeit herausgebildet, die sich vornehmlich an gesellschafts- und kooperationsvertraglichen Formen orientieren. Das heißt: Gesellschaften oder Vereine zur Förderung der Wirtschaft stehen im Vordergrund, wenn auch private Unternehmen oder Akteure eingebunden wurden.

Die räumliche Dimension und Zuordnung dessen, was als Standort begriffen wird, ist allerdings sehr unterschiedlich und reicht von der einzigen Kommune in seinen Verwaltungsgrenzen bis hin zu großen regionalen Zusammenschlüssen unterhalb der Landesebene, zum Beispiel Touristikregionen (Harz, Nordsee) oder große Wirtschaftsregionen (Ruhrgebiet, Rhein-Main). Gerade bei den großen, räumlichen Zusammenschlüssen und Kooperationen zeigt sich oftmals, dass nur kommunale bzw. öffentliche Einrichtungen an der gemeinsamen Arbeit beteiligt sind. Diese Zusammenschlüsse gibt es häufig auch in der Form der Zweckverbände.

Die Internationalisierung und der verschärfte Wettbewerb haben den Fokus unternehmerischer Ansiedlungen deutlich verändert und eine Maßstabsvergrößerung verursacht. Nicht mehr jede einzelne Kommune steht im Vordergrund, sondern das gesamte regionale Umfeld mit allen relevanten Faktoren. Aus diesen Aspekten folgt damit zum einen, dass die einzelnen Kommunen zunehmend quantitativ und qualitativ überfordert sind, und zum anderen, dass die traditionelle „Kirchturmspolitik" immer weniger Sinn macht und keinen Erfolg mehr bringt.[1] Die Bündelung der Kräfte verschiedener Kommunen stellt sich damit als eine alternativlose Möglichkeit dar, den genannten strukturellen Wandlungsprozessen am ehesten entgegenzuwirken und halbwegs erfolgreich im stärkeren Wettbewerb zu agieren. Auch hier zeigen sich zwar einige positive Beispiele, jedoch wird in vielen Regionen und Landesteilen deutlich, dass hier viel zu wenig geschieht. Regionale und lokale Kooperationen beschränken sich allzu oft nur auf den Mikrostandort.

---

[1] Vgl. dazu u. a. aktuell HACKE 2004, S.9

6.3 eGovernment – technikinduzierte Verwaltungsreform

Unter eGovernment wird heute im verwaltungswissenschaftlichen Kontext im Wesentlichen eine technikinduzierte Verwaltungsreform verstanden. eGovernment soll als Abwicklung geschäftlicher Prozesse im Zusammenhang mit Regieren und Verwalten (Government) mit Hilfe von Informations- und Kommunikationstechniken über elektronische Medien maßgeblich auch Impulse zur Reform von Verwaltungsstrukturen und –abläufen geben. Aufgrund der technischen Entwicklung wird angenommen, dass diese gesamten Verwaltungsprozesse zukünftig sogar vollständig elektronisch durchgeführt werden können.[1] Im Memorandum „Electronic Government 2000" des Fachausschusses Verwaltungsinformatik der Gesellschaft für Informatik wird eGovernment als Durchführung von Prozessen der öffentlichen Willensbildung, der Entscheidung und der Leistungserstellung in Politik, Staat und Verwaltung unter sehr intensiver Nutzung der Informationstechnik verstanden.[2]

Abb. 12: Interaktionsstufen des eGovernments

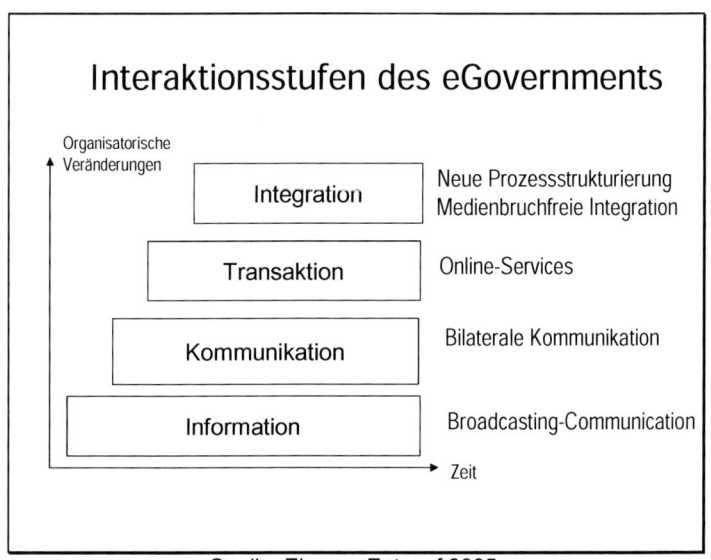

Interaktionsstufen des eGovernments

Organisatorische Veränderungen ↑

Integration	Neue Prozessstrukturierung / Medienbruchfreie Integration
Transaktion	Online-Services
Kommunikation	Bilaterale Kommunikation
Information	Broadcasting-Communication

→ Zeit

Quelle: Eigener Entwurf 2005.

Wie auch immer die konkrete Definition von eGovernment begriffen wird, so steht doch mittlerweile zweifelsfrei fest, dass eGovernment nicht nur aus der Bereitstellung von Informationen im Internet besteht, sondern aus mehreren, aufeinander aufbauenden Stufen, von der Information über die Kommunikation und Transaktion bis hin zur digitalen Dienstleistungsabwicklung und -integration als höchste und gleichzeitig komplexeste Stufe (vgl. Abb. 12).

---

[1] Vgl. REINERMANN/ VON LUCKE 2002, S. 12.
[2] Vgl. GESELLSCHAFT FÜR INFORMATIK 2000, S.3

Sieht man sich die konkreten Strukturen und die komplexen Abläufe an, die jetzt digital abgebildet werden sollen, so zeigen sich die ganze Komplexität und die hohen qualitativen und quantitativen Anforderungen eines entsprechenden Verwaltungsmanagements. In der Differenzierung nach Kunden- und Zielgruppen geht es nicht nur um das Verhältnis zum Bürger und Kunden (G2C – Government-to-Customer), sondern auch um das Verhältnis zur Wirtschaft (G2B – Government-to-Business) und zu anderen Verwaltungen (G2G – Government-to-Government). Sowohl internet- als auch intranetbasiert werden somit die unterschiedlichsten neuen und bestehenden Anwendungen und Anwendungsinseln verbunden. Abbildung 13 soll diese Vielfalt in den Ansätzen und den unterschiedlichen Verfahren aufzeigen und gleichzeitig auch die hohen materiellen Herausforderungen des Managements dokumentieren, die damit unmittelbar verbunden sind.

Abb. 13: Dimensionen des eGovernments

Dimensionen des eGovernments

- Externe Verwaltungen
- Bürger Wirtschaft — Internet — Extranet — Verwaltung — Internet — Bürger Wirtschaft
- Intranet
- Spezielle Fachverfahren
- GIS
- Workflow
- IT-Sicherheit
- E-Democracy
- Bürokommunikation
- E-Participation
- Dokumenten-Management (DMS) Archivierung
- Finanzmanagement-Systeme

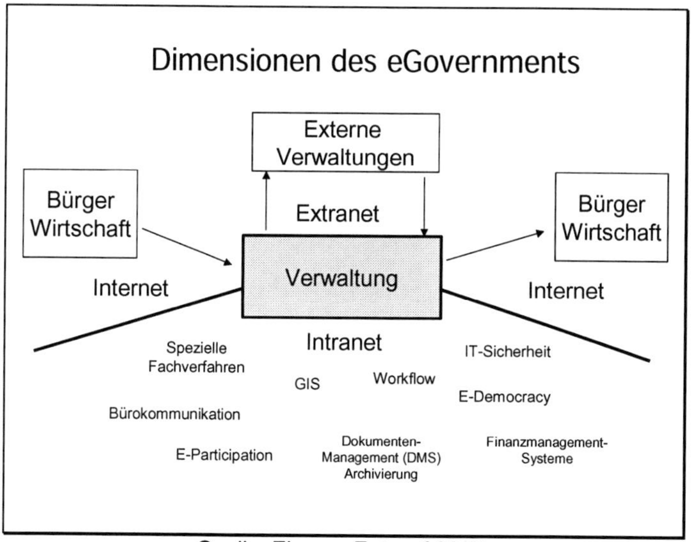

Quelle: Eigener Entwurf 2005.

Da Deutschland im internationalen Vergleich schon seit den Anfängen des eGovernments Ende der 90er Jahre zurücklag und aktuell immer noch zurückliegt, wurde mit unterschiedlichsten Mitteln versucht, eGovernment durch Förderprogramme und programmatische Ausrichtungen zu beleben. Auf Bundesebene wurde das ehrgeizige Programm „bundonline 2005" aufgelegt, das zur Zeit auf einem guten Weg der Realisierung ist. Auch die Länder und Kommunen haben zahlreiche Ansätze und Pilotprojekte initiiert und durchgeführt, die aber teilweise ein „Inseldasein" fristen und kaum miteinander vernetzt werden. Andere Verwaltungen können oder sollen manchmal nicht von den gemachten Erfahrungen profitieren.

Die föderale Struktur in der Bundesrepublik mit einer starken kommunalen Selbstverwaltung sowie die derzeit katastrophale finanzielle Haushaltssituation haben letztlich dazu geführt, dass der eGovernment-Stand in Deutschland im internationalen Vergleich eher negativ bewertet wird. Ein Hauptproblem dieser Bilanzierung ist aber auch, dass deutlich zu wenig kooperiert wird und zwar zu wenig untereinander, das heißt unter den Verwaltungen selbst, und zu wenig mit privaten Akteuren. Dabei versprechen Kooperationen gerade in diesem neuen, große Ressourcen beanspruchenden Bereich auf nahezu allen Ebenen große Vorteile.[1] Aber auch die Kooperation mit privaten Anbietern verspricht insbesondere angesichts der besonderen finanziellen Probleme der Verwaltungen eine hohe Ressourcensteigerung (vgl. Abb. 14.)

Abb. 14: Das Beispiel eGovernment

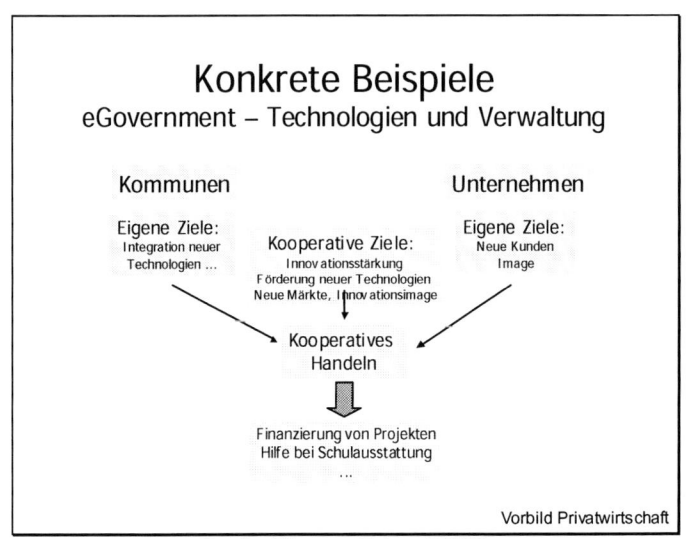

Konkrete Beispiele
eGovernment – Technologien und Verwaltung

Kommunen

Eigene Ziele:
Integration neuer Technologien ...

Kooperative Ziele:
Innovationsstärkung
Förderung neuer Technologien
Neue Märkte, Innovationsimage

Unternehmen

Eigene Ziele:
Neue Kunden
Image

Kooperatives Handeln

Finanzierung von Projekten
Hilfe bei Schulausstattung
...

Vorbild Privatwirtschaft

Quelle: Eigener Entwurf 2005.

Grundsätzlich sind folgende Formen der Partnerschaften zwischen Privaten und öffentlichen Partnern beim eGovernment zu unterscheiden:[2]

- **Gesellschaftsrechtliche Formen** der Zusammenarbeit, die durch eine neue oder bestehende Projektgesellschaft (AG oder GmbH) gekennzeichnet sind,

- **kooperations- und finanzrechtliche Formen** der Zusammenarbeit, bei denen zumeist ein zeitlich befristeter Vertrag über die private Durchführung einer öffentlichen Aufgabe ausreicht (hierzu zählen auch Betreiberverträge),

- **spezielle PPP-Formen** zur Integration bürgerschaftlichen Engagements, zum Beispiel in Form der Organisation zusätzlicher, ergänzender Ressourcen zumeist in der Organisationsform eines Vereins und abschließend

---

[1] Vgl. ARENDT/BIEL 2004, S. 19.
[2] Vgl. dazu BERTELSMANN STIFTUNG 2003, S. 33 ff.

- **informelle Kooperationen** als unverbindlichste Organisationsform („Handschlag-PPP").

Die genannten Formen der Kooperation unterscheiden sich natürlich in ganz unterschiedlichem Maße für die Umsetzung der verschiedenen eGovernment-Aufgaben. **Gesellschaftsrechtliche Verträge** sind immer dann wichtig, wenn die Aufgaben sehr komplex und die Formalisierbarkeit einer Aufgabe gering ist. Die anstehenden schwierigen Aufgaben können so offen und gemeinsam in steter Zusammenarbeit bearbeitet werden. **Kooperations- und finanzrechtliche Formen** sind dann von hoher Bedeutung, wenn die Aufgaben zum einen formalisierbar und nicht sehr komplex, zum anderen auch zeitlich befristet sind. Hierbei kommen oftmals Betreiberverträge zum Einsatz, das heißt, ein privater Anbieter übernimmt eine Dienstleistung, z. B. als Internet-Provider. Mit den relativ **offenen Kooperationsformen** (Vereine oder „Handschlag-PPP") können oftmals wichtige, ergänzende Ressourcen, z. B. in Form von Wissen, Know-How oder Akzeptanz, erschlossen werden. Manchmal stellen die „Handschlag-PPP" oder auch „memorandum of understanding" Rahmenverträge im Vorfeld einer intensiveren Kooperation dar.

Ein besonders gutes Beispiel für eine umfangreiche Beteiligung unterschiedlicher Partner ist das PUBLIKOM-Münster.[1] PUBLIKOM stellt eine Kooperation zur Realisierung einer Internetplattform dar, die bereits seit 1996 besteht und eGovernment-Dienstleistungen der Stadt Münster und ein weit verzweigtes Bürgerportal miteinander vereint. Integriert ist nicht nur ein privater Internet-Betreiber, sondern auch der Verein Bürgernetz, büne e.V. sowie die Stadt Münster selbst.

Bevor jedoch die Bildung der konkreten Organisationsform zur Beratung ansteht, müssen aus der Sicht der öffentlichen Entscheider einige wichtige Aufgaben gelöst werden:[2]

1. Formulierung der eGovernment-Strategie und Spezifizierung relevanter Aufgaben,

2. genaue Definition der Aufgaben und Leistungen, die in Kooperation erbracht werden sollen,

3. Bestimmung des juristischen Rahmens,

4. Erstellung einer Umfeldanalyse (Kosten-Nutzen-Analysen, Szenarien, ...),

5. Sicherung der Zustimmung der politischen Gremien,

6. Einbezug bürgerschaftlicher Interessensgruppen,

7. Vereinbarung des Gesellschafts- oder Vereinszwecks,

8. Bereitstellung der erforderlichen Ressourcen sowie abschließend

9. Bereitstellung des notwendigen Personals.

---

[1] Vgl. HART/PFLÜGER 2003, S.45 ff.
[2] Vgl. BERTELSMANN STIFTUNG 2003, S. 54f.

Kooperationen sind also im Themenbereich des eGovernments keineswegs eine spontane Aktion, sondern sie müssen sorgfältig vorbereitet und systematisch strukturiert werden.

Für die Zusammenarbeit von Kommunen untereinander gibt es indes einige interessante und auch weiterhin viel versprechende Beispiele.[1] So fungiert im Landkreis Nordfriesland die Kreisverwaltung als sog. Application-Service-Provider und bietet insgesamt 26 Kommunalverwaltungen ihre Dienste und zentrale genutzte Software an (www.nordfriesland.de). Aber auch die traditionellen kommunalen Rechenzentren und Datenverarbeitungszentralen können bei der Organisation der Kooperation eine wichtige vermittelnde oder initiierende Rolle spielen, so zum Beispiel in Ostwestfalen-Lippe, wo sich sieben Landkreise mit immerhin zwei Millionen Einwohnern zusammengeschlossen haben (www.ostwestfalen-lippe.de).

7 Resümee

Die bisherigen Ausführungen haben die besonderen Potenziale und Vorteile, aber auch die besonderen Probleme, Hemmnisse und Anforderungen für Kooperationen aufgezeigt, sei es für die Zusammenarbeit zwischen Verwaltungen als auch für Partnerschaften zwischen Verwaltungen und privaten Unternehmen in den verschiedensten Organisationsformen. Den Ausgang dieser Betrachtungen bildeten dabei die vier Eingangsthesen (vgl. Kap. 1), die an dieser Stelle wie folgt kommentiert werden können.

- Die erste These, dass sich verstärkte Kooperationen trotz aller Schwierigkeiten und Probleme nicht nur grundsätzlich als positiv erweisen, sondern in Zukunft lebenswichtig, wenn nicht sogar überlebenswichtig, konnte mit zahlreichen Beispielen und grundsätzlichen Erwägungen belegt werden. Es kann sogar gesagt werden, dass sich kaum eine Alternative zeigt, angesichts der vor allem finanziellen Schwierigkeiten.

- Die zweite These, dass Kooperationen keine Liebespartnerschaften, sondern zielgerichtete, strategische, zeitlich begrenzte Zweckbündnisse mit definierten Endergebnissen sind und auch sein müssen, ist ebenfalls belegt worden. Strategisch und operativ müssen alle Mittel auf ein gemeinsames Ziel ausgerichtet werden, was nicht nur einer systematischen Vorbereitung bedarf, sondern auch im Verlauf der Umsetzung ein professionelles Management voraussetzt. Bereitschaft, Fähigkeit sowie die Rahmenbedingungen sind wichtige Voraussetzungen.

- Das Potenzial von Kooperationen ist besonders in öffentlichen Verwaltungen bei weitem noch nicht erschlossen, geschweige denn erschöpft worden. Gerade dieser Aspekt konnte ebenfalls anhand der drei ganz aktuellen Beispielbereiche aufgezeigt werden. Es ist den Verwaltungen noch nicht oder

---

[1] Vgl. ARENDT/BIEL 2004, S.20.

zumindest nur in wenigen Fällen gelungen, einen wichtigen Weg zwischen Konkurrenz und Kooperation zu finden.

- Werden Kooperationen durchgeführt, so erfüllen sie häufig die Eigenschaften von Typ B (s.o.). Das heißt: Sie erfolgen meist nur gezwungen und unfreiwillig. Damit sind ihre Erfolgsaussichten ebenfalls nicht größer. Leider konnte auch diese These gestützt werden und zeigt die großen Entwicklungspotenziale der Verwaltungen nicht nur anhand der aufgezeigten Beispiele.

Zusammenfassend kann daher gesagt werden, dass Kooperationen heute wichtiger denn je und in Zukunft ohne jegliche Alternative sind. In vielen Bereichen, insbesondere in der Privatwirtschaft, sind Kooperationen praktizierter Alltag, nicht jedoch in den öffentlichen Verwaltungen. Hier wird großes Beratungs- und Entwicklungspotenzial gesehen, das mit zunehmender Finanzkrise der öffentlichen Haushalte noch mehr anwachsen wird.

Ein gewisser und offensichtlich noch nicht genügend hoher Leidensdruck scheint in der Praxis jedoch offensichtlich unbedingt erforderlich zu sein, um solchen Partnerschaften offen gegenüber zu stehen. Es überwiegt gerade hier der Typus A, obwohl die Vorteile des Typus B offensichtlich sind und auch deutlich skizziert wurden. Es bleibt zu hoffen, dass die Zukunft hier deutliche Verhaltensänderungen der entsprechenden Akteure in Verwaltung und Politik bringen wird.

Literatur

ARENDT, Dirk und Sylvia BIEL: Grenzen überwinden. In: Kommune21, 2004, H.12, S. 18-20.

BERTELSMANN STIFTUNG : Public Private Partnership und E-Government. Eine Publikation aus der Reihe PPP für die Praxis. Gütersloh, Kassel 2003.

BERTELSMANN STIFTUNG : Prozessleitfaden Public Private Partnership. Eine Publikation aus der Reihe PPP für die Praxis. Gütersloh, Kassel 2003.

BUDÄUS, Dietrich und Peter EICHHORN (Hrsg.): Public Private Partnership. Neue Formen öffentlicher Aufgabenerfüllung. = Schriftenreihe der Gesellschaft für öffentliche Wirtschaft, Bd. 41. Baden-Baden 1997.

BUDÄUS, Dietrich und Gernod GRÜNING: Public Private Partnership – Konzeption und Probleme eines Instruments zur Verwaltungsreform aus Sicht der Public Choice-Theorie. In: BUDÄUS, Dietrich und Peter EICHHORN (Hrsg.): Public Private Partnership. Neue Formen öffentlicher Aufgabenerfüllung. = Schriftenreihe der Gesellschaft für öffentliche Wirtschaft, Bd. 41. Baden-Baden 1997, S. 25-66.

CHRISTMANN, Kurt, HULAND, Dieter und Barbara MEIßNER: Einkaufen für Kommunen. Modern, wirtschaftlich rechtssicher. Heidelberg 2004.

DYER, Jeffrey H., KALE, Prashat und Harbiv SINGH : Kooperieren oder Kaufen? In: Harvard Business Manager, 2004, H. 11, S. 46-57.

FRIEDRICH-EBERT-STIFTUNG (Hrsg.): Public Private Partnership. Mehr Qualität und Effizienz im öffentlichen Güter- und Dienstleistungsangebot. Bonn 2002.

GESELLSCHAFT FÜR INFORMATIK (Hrsg.): Electronic Government als Schlüssel zur Modernisierung von Staat und Verwaltung. Bonn, Frankfurt 2000.

HACKE, Constanze: Das Ende des Kirchturmdenkens. Der Wettbewerb der Gemeinden untereinander ist oft schädlich für alle. In: Das Parlament Nr. 1 / 2, 2005, S.9, Schwerpunktthema: Zukunft der Kommunen.

HART, Thomas und Frank PFLÜGER (Hrsg.): Neuen Medien und Bürgerorientierung. Gütersloh 2003.

HEINZ, Werner und Carola SCHOLZ: Public Private Partnership im Städtebau. Erfahrungen aus der kommunalen Praxis. Acht Fallbeispiele aus nordrhein-westfälischen Städten. Berlin 1996.

KASPERERIT, Sabine: Einführung. In: FRIEDRICH-EBERT-STIFTUNG (Hrsg.): Public Private Partnership. Mehr Qualität und Effizienz im öffentlichen Güter- und Dienstleistungsangebot. Bonn 2002, S.5-8.

KONEGEN-GRENIER, Christiane und Mathias A. WINDE: Public Private Partnership in der Hochschullehre. Köln 2000.

KUHN, Elmar Wirtschaftsgeographie. Paderborn 2003.

PANKAU, Elmar: Sozial-Ökonomische Allianzen zwischen Profit- und Non-Profit-Organisationen. Kooperationsbedarf, Kooperationskonzept, Kooperationsmanagement. Wiesbaden 2002.

REINERMANN, Heinrich und Jörn von LUCKE (Hrsg.): Electronic Government in Deutschland – Ziele, Stand, Barrieren und Beispiele. In: Speyerer Forschungsberichte, Bd. 226. Speyer 2002.

SALMEN, Thomas: Standortwahl der Unternehmen. Ein Überblick über empirische Gründe, Prozesse und Kriterien der unternehmerischen Entscheidungsfindung. Marburg 2001.

SCHIELE, Holger: Der Standortfaktor. Wie Unternehmen durch regionale Cluster ihre Produktivität und Innovationskraft steigern. Weinheim 2003.

Christian Roschmann

Public-Private-Partnerships.
Versuch der Bestimmung eines Begriffes und seiner Operationalisierung.

Gliederung

1 Einführung

2 Formen und Modelle der Kooperation

3 Anwendungen von Public-Private-Partnerships

4 Vor- und Nachteile von Public-Private-Partnerships

5 Entscheidungskriterien der Operationalisierung

6 Schluss

1 Einführung

Der Begriff der Public- Private- Partnerships[1] hat in den letzten Jahren in der wissenschaftlichen Diskussion wie auch in der Praxis eine Karriere erlebt, die ihn zu einem der Schlüsselbegriffe der modernen Verwaltungswissenschaft werden ließ[2].

Diese Karriere hat indessen ebenso wenig dazu beigetragen, die Konturen des Begriffs klarer hervortreten zu lassen wie die ständig steigende Zahl seiner praktischen Anwendungsbeispiele. Der Begriff umfasst sehr heterogene Formen der Kooperation der öffentlichen Hand mit Privaten. Gemeinsam ist ihnen allen das Motiv: Wirtschaftlichkeit; es geht darum, Effizienz zu steigern, in den meisten Fällen durch Kostenersparnis.

Grenzen dieser Kooperationen[3] ergeben sich aus ökonomischen Gesichtspunkten (nicht jedes Gut kann günstiger in Kooperation oder durch Private produziert werden), aus politischen Überlegungen und aus rechtlichen Restriktionen[4], die letztlich alle auf die Überlegung hinauslaufen: welche Güter soll der Staatsapparat selbst produzieren?

---

[1] Zu Public-Private-Partnerships allgemein: Prozessleitfaden 2003; Zum Überblick auch DStGB 2002; BUDÄUS/ EICHHORN 1997; KIRSCH 1997.
[2] Hierzu grundsätzlich: BAUER 1998; TETTINGER 1996. KIRSCH 1997.
[3] Hierzu LÜDER 1996.
[4] PEINE 1997; KRÖLLS 1995.

Kooperationen zwischen der öffentlichen Hand und Privaten hat es schon immer gegeben. Das ist auch nicht anders denkbar in einer arbeitsteiligen Güteraustausch betreibenden Wirtschaft. Ihre Bleistifte hat jede Verwaltung schon immer auf dem Markt von Privaten gekauft. Kein Produzent von Gütern – und eine Verwaltung ist dazu eingerichtet, öffentliche Güter zu produzieren – kann mit hundertprozentiger Leistungstiefe produzieren, sozusagen autark sein. Öffentliche Güter sind Güter, die nicht über den Markt produziert werden, teils weil sie nicht produziert werden können (etwa weil sie unrentabel sind oder nur gleichförmig produziert werden können, wie etwa Justiz), teils, weil sie nicht produziert werden sollen (Verteidigung).

Es ist deshalb schwierig, zu bestimmen, wo Public-Private-Partnerships beginnen. Kriterium sind in der Regel die Verbindlichkeit und die Dauerhaftigkeit einer Vertragsbeziehung, die man dann als Kooperation ansprechen kann. Alle Public-Private-Partnerships sind vertragliche Verbindungen. Sie haben also einen verpflichtenden, über das zufällige und situative hinausgehenden Charakter.

Man unterscheidet in der zivilrechtlichem Dogmatik zwei grundsätzlich und in ihrer Zielrichtung verschiedene Typen von Verträgen:

Austauschverträge und Kooperationsverträge. Entlang dieser Linie lassen sich auch Public-Private-Partnership-Verträge und damit Public-Private-Partnerships inhaltlich sinnvoll gliedern.

Austauschverträge bilden den regulären Typ wirtschaftlicher Transaktionen ab. Sie stellen 99% aller abgeschlossenen Verträge dar, vom Brötchenkauf bis zur Herstellung eines Ozeanriesen. Getauscht wird Gut (Ware oder Leistung) gegen Geld.

Bei Kooperationsverträgen hingegen geht es um ein Zusammenwirken zu einem gemeinsamen Ziel, das ein Partner allein nicht erreichen könnte. Kooperationsverträge zwischen Privaten und der öffentlichen Hand gehören zum Kernbereich der Public-Private-Partnerships.

Nicht mehr eigentlich zu Public-Private-Partnerships gehören rein informelle Kooperationen i.s. eines situativen Zusammenwirkens, wenn dieses nicht im Einzelfall die Kriterien einer BGB-Gesellschaft (die in § 705 BGB mit einer rechtsgeschäftlichen Übereinkunft zur Erreichung eines gemeinsamen Zieles , wobei jeder der Übereinkommenden einen bestimmten Beitrag leisten muß, definiert wird) erfüllt.

Trotzdem wird in der Literatur der Begriff einer Handschlag-Public-Private-Partnership vertreten bzw. der Begriff eines memorandum of understanding benutzt[1]. Angesprochen ist damit die Informalität der Partnerschaft, nicht ihre Dauer oder ihr verpflichtender Charakter. Auch das Gesetz[2] geht von der Möglichkeit der Mündlichkeit des Abschlusses von Gesellschaftsverträgen aus, deren rechtliche Qualität davon völlig unberührt bleibt. Der entscheidende Gesichtspunkt ist, das die Kooperation auf eine gewisse Dauer angelegt (was nicht heißt, dass sie auch tatsächlich dauerhaft sein muss), und/oder von einer solchen Erheblichkeit ist, dass den Parteien klar ist, dass sie mit ihrem Einverständnis zur Kooperation Verpflichtungen eingehen und diese damit eingehen wollen.

---

[1] Prozessleitfaden 2003, S.14; HEINZ 1998, S.557 ff;
[2] § 705 BGB

Die Konturen zwischen „dauerhaft" und „situativ" mögen auch in anderen Fällen durchaus in Einzelfällen verschwimmen; die Abgrenzung wird sicher auch vom Umfang und der Art der Aufgabe bestimmt sein. So kann eine Public-Private-Partnership darin bestehen, einen Tag lang eingeschlossene Opfer von Naturkatastrophen, z.B. von Fluten, auszufliegen, während eine einmalige Abschleppaktion behindernd parkender Autos vor einem Festgelände durch private Abschleppunternehmer dieses Kriterium wohl erst dann erfüllt, wenn zwischen Verwaltung und Unternehmer ein Rahmenvertrag besteht, solche Abschlepparbeiten auf Anforderung durchzuführen, auch wenn natürlich die einmalige Abschleppaktion einen Werkvertrag darstellt.

So kann man wohl sagen, bei gesellschaftsrechtlichen Kooperationen liegt eine Public-Private-Partnership bereits dann vor, wenn ein Gesellschaftsvertrag geschlossen wird, womit man dem Verpflichtungselement konstitutive Funktion zuspricht, während bei Kauf-Werk und Darlehensverträgen noch ein weiteres Element der Dauerhaftigkeit oder zumindest Komplexität hinzukommt.

Ebenfalls nicht zu den Puplic-Private-Partnerships gehören Privatisierungen. Man unterscheidet formelle Privatisierungen, bei denen lediglich die Organisationsform einer Einrichtung von einer öffentlich-rechtlichen zu einer privatrechtlichen wechselt ohne dass sich ihr Träger ändert, und materielle Privatisierungen, bei denen eine Institution in private Hände übergeht und die mit ihr zu erfüllende Aufgabe über den Markt erbracht wird.

An der Grenze von Privatisierungen liegen die Fälle des contracting-out, bei denen Teilbereiche von Aufgaben insoweit „privatisiert" werden als sie vertraglich von Dritten erledigt werden, die auch das Personal dafür zur Verfügung stellen.

Wir wollen nun einen Blick auf die einzelnen Kooperationsarrangements werfen, wie sie sich in den einzelnen Vertragstypiken widerspiegeln und dabei von der grundsätzlichen Trennung von Austausch-und Kooperationsverträgen ausgehen. Danach soll die für alle Vertragstypiken wichtige Frage der Auswahl der privaten Partner der oft als lukrativ angesehenen Kooperationen, die Vergabeproblematik, behandelt werden.

2 Formen und Modelle der Kooperation

2.1 Austauschverträge

Kaufverträge

Nur am Rande sollen Kaufverträge erwähnt werden. Diese stellen in aller Regel eher punktuelle Austausche dar und erfüllen damit nicht das Dauerhaftigkeitskriterium einer Public-Private-Partnership. Dennoch gibt es Kaufvertragsbeziehungen, die wiederkehrende gleichartige oder ähnliche Käufe rahmenhaft umfassen, etwa dann, wenn die öffentliche Hand jahrelang bestimmte Güter (etwa Papier, Autos) von einem bestimmten Lieferer kauft, und die Modalitäten der einzelnen Kaufverträge (z.B. in Allgemeinen Geschäftsbedingungen, AGBen) übergreifend für alle einzelnen Käufe regeln. Hier ist die Grenze zur Public-Private-Partnership erreicht.

Mietverträge

Bereits unter den Begriff der Public-Private-Partnership gefasst werden bestimmte Mietverträge. Das sind Mietverträge, die Wirtschaftsgüter betreffen, die als von erheblicher Bedeutung für die entsprechende Aufgabenerledigung der öffentlichen Hand angesehen werden, wie vor allem Immobilien. Meist ist hier der Mietvertrag eingebaut in eine komplexere vertragliche Regelung wie etwa ein lease-back Geschäft. Bei diesem wird ein Verwaltungsgebäude verkauft, möglicherweise mit einer Rückkaufsoption, und vom Verkäufer zurückgemietet.

Werkverträge

Ein großes Handlungsfeld für Public-Private-Partnerships bieten Werkverträge. Werkverträge unterscheiden sich von Dienstverträgen (z.B. Arbeitsverträgen) dadurch, dass bei ihnen Geld nicht gegen Dienste sondern gegen konkrete Ergebnisse von Diensten getauscht werden. Ein Werkvertrag liegt also vor, wenn ein Gärtner beauftragt wird, den Rasen vor dem Amtsgebäude zu mähen (er hat seine geschuldete Leistung erst erbracht, wenn das Ergebnis erreicht und der Rasen gemäht ist), ein Dienstvertrag, wenn ein Gärtner lediglich beschäftigt ist, im Park zu arbeiten.

Ein großer Bereich von Public-Private-Partnerships auf dem Gebiet von Werkverträgen sind outsourcing-Vorgänge. Der entscheidende Gesichtspunkt ist hier die Frage der Leistungstiefe[1]. Bei welcher Leistungstiefe ist es effizienter, Dritte einzuschalten? Bei outsourcing-Verträgen wird die Leistungstiefe dadurch reduziert, dass bestimmte eindeutig abgrenzbare Teilvorgänge im Vorfeld der Aufgabenerledigung auf Private verlagert werden, die diese vollständig erledigen. Hierzu gehören Behördenkantinen aber auch Reinigungs- oder Bewachungsdienste. Von outsourcing-Verträgen zu unterscheiden sind Werkverträge, bei denen auf einen Privaten Teile der dem Publikum gegenüber zu erbringenden Leistungen übertragen werden. Hier werden also

---
[1] NASCHOLD 1996.

Private als Gehilfen der öffentlichen Hand dem Publikum gegenüber tätig. Man spricht hier von contracting-out. Beispiele sind etwa der Abschleppunternehmer, der als Verwaltungshelfer der Polizei tätig ist.

Besondere Fallgestaltungen stellen Betriebsführungsmodelle dar. Dort wird das Management eines öffentlichen Betriebes einer privaten Firma übertragen. Da es sich um die interne Betriebsführung handelt, tritt der Private dem Kunden nicht gegenüber. Er handelt sozusagen hinter den Kulissen, ist aber intern, d.h. im Verhältnis zur öffentlichen Hand für die Erstellung der dem Kunden zu erbringenden Leistungen verantwortlich. Er erbringt Leistungen des Auftraggebers in dessen Namen, auf dessen Rechnung und letztlich mit dessen Risiko. Er erhält dafür eine vereinbarte feste Vergütung. Dieses Modell kommt natürlich nur bei öffentlichen Betrieben zur Anwendung. Das Anlagevermögen verbleibt im Eigentum der öffentlichen Hand. Problematisch kann jedoch die arbeitsrechtliche Seite sein. Übernimmt der Betriebsführer einen existierenden Betrieb, muss er das Personal übernehmen, soweit das rechtlich möglich ist; andernfalls (etwa im Fall von Beamten) muß er Personal in Überlassungsverhältnissen beschäftigen.

Einen Schritt weiter gehen Betreibermodelle. Bei diesen finanziert der private Betreiber die entsprechende Anlage (etwa eine Kläranlage oder ein Parkhaus) selbst, baut und betreibt sie auch. Der von der öffentlichen Hand verfolgte Zweck liegt darin, Aufgaben und die mit ihrer Erfüllung verbundenen Kosten vorübergehend auszulagern und damit den Haushalt zu entlasten.

Dem Kunden tritt in der Regel rechtlich die öffentliche Hand, meist die Kommune, gegenüber. Im Außenverhältnis zum Abnehmer tritt der Betreiber zwar möglicherweise in Erscheinung, ist dann jedoch auch, wie bei den contracting-out Fällen, nur Erfüllungsgehilfe, obwohl er im Innenverhältnis zur öffentlichen Hand weitestgehend unabhängig ist. Er tritt insbesondere dann in Erscheinung, wenn der Betreiber für die öffentliche Hand (meist eine Kommune) als zusätzliche vertragliche Leistung den Gebühreneinzug vornimmt. Er handelt dabei jedoch immer im Namen der öffentlichen Hand.

Die vom Betreiber finanzierte Anlage gehört zwar diesem, befindet sich aber auf einem Grundstück der öffentlichen Hand, bezüglich dessen dem Betreiber ein Erbbaurecht eingeräumt wird.

Meist sind Betreibermodelle verbunden mit Finanzierungsmodellen, mit denen der Betreiber die Anlage finanziert. Interessant ist die BOT (build-operate-transfer) Variante. Bei dieser überträgt der Betreiber nach einer bestimmten Dauer die Anlage gegen einen Kaufpreis auf die öffentliche Hand.

Finanzierungsverträge

Es gibt auch Public-Private-Partnerships als reine Finanzierungsmodelle[1]. Hierzu zählen neben reinen Kreditgeschäften, die man, genauso wie Kaufverträge, in der

---

[1] Hierzu GRUPP 1994.

Regel nicht zu den Public-Private-Partnerships rechnet, vor allem Leasing[1] und Mietkauf. Beide Vertragstypen kombinieren Kauf und Finanzierung. Während jedoch bei Leasingverträgen eine Option besteht, nach einer anfänglichen Mietzeit das geleaste Gut unter Anrechnung der Leasingraten zu erwerben, besteht bei Mietkauf eine Verpflichtung dazu. Beide Geschäfte erhalten durch die Finanzierungskomponente ihren Charakter als Public-Private-Partnership. Das Leasing- oder Mietkaufobjekt wird steuerlich beim (privaten) Leasinggeber.

Interessant ist das sogenannte Factoring-Modell. Hier finanziert eine Bank die Anlage, die der öffentlichen Hand oder einem Betreiber gehört. Zur Kreditsicherung und als Gegenleistung werden der kreditierenden Bank die zukünftigen Forderungen gegen Kunden abgetreten. Das ist für die Bank allerdings nur dann interessant, wenn es sich um Monopolbetriebe handelt oder der Geschäftsgang doch jedenfalls so gesichert ist, dass die zukünftigen Forderungen auch entstehen. Ein Beispiel hierfür ist das der Kommune gehörende, von einem Privaten betriebene Konstanzer Parkhaus am Rande der autofreien Altstadt (in der sich die Mehrzahl der Geschäfte und Kaufhäuser befindet) in einem Gebiet, das die Kommune weitgehend zur Halteverbotszone erklärt hat.

Noch zu nennen sind Investoren- und Fondsmodelle. Bei diesen investieren Private in eine Immobilie, die dann an die öffentliche Hand vermietet und/oder verkauft wird. Möglich ist hierbei das Modell eines geschlossenen Immobilienfonds, der dann an den Kapitalmärkten gehandelt wird und im übrigen den Regeln über geschlossene Immobilienfonds folgt.
Daneben gibt es noch klassische Kapitalmarktmodelle, wie die Auflage von Anleihen, die allerdings an bestimmte Genehmigungen gebunden ist. Solche Anleihen können dann vom Publikum gezeichnet werden. Als Public-Private-Partnership kann man sie nur ansprechen wenn sie für ein bestimmtes Projekt aufgelegt und gezeichnet werden (capital market financing).

Schließlich soll noch die Form der Bürgschaft erwähnt werden. Sie wird in der Regel im Rahmen eines umfassenderen Geschäfts gewährt und stellt nur durch ihren Bezug zu der umfassenderen Transaktion ein Public-Private-Partnership dar.

Konzessionsverträge

Eine weitere Form von Public-Private-Partnerships, die nur kurz angesprochen werden soll, da sie in der Praxis nicht so häufig vorkommt, sind Konzessionsveträge[2]. Konzessionsverträge sind öffentlich-rechtliche Verträge. Sie erlauben einem Privaten, eine Anlage auf öffentlichem Grund und Boden zu errichten und zu betreiben (Baukonzession) oder bestimmte Dienste zu erbringen (Bodenabfertigung bei Flughäfen)[3]. Es wird ihm weiter die Befugnis übertragen, Gebühren zu erheben. Konzessionsverträge kommen meist bei umfangreichen Vorhaben zur Anwendung wie der Energieversorgung oder bei Mautmodellen.

---

[1] Nicht angesprochen werden soll das Cross-Border-Leasing, wohl ein „Auslaufmodell", da es durch entsprechende gesetzliche Regelungen demnächst verboten werden soll.. Näheres zum Cross-Border-Leasing bei GÜPNER 2003.
[2] Ausführlich hierzu TETTINGER 1991.
[3] Prozessleitfaden 2003, S. 16

2.2 Gesellschaftsverträge

Der von Austauschverträgen grundsätzlich verschiedene Vertragstyp ist der Typ des Gesellschaftsvertrages. Bei diesem werden keine Leistungen ausgetauscht sondern Anstrengungen gebündelt zur Erreichung eines gemeinsamen Zieles. Es werden gemischtwirtschaftliche Gesellschaften gegründet, das sind Gesellschaften, deren Gesellschafter zum Teil aus Privaten, zum Teil aus öffentlichen Körperschaften bestehen. Eine andere Möglichkeit sowohl für Private[1] wie für die öffentliche Hand ist, sich an einer bereits bestehenden Gesellschaft zu beteiligen.
Möglich sind Kooperationen in verschiedener Form:

- Eine private natürliche oder juristische Person beteiligt sich an einer Gesellschaft, die im Eigentum der öffentlichen Hand steht.

- Eine öffentlich-rechtliche Körperschaft beteiligt sich an einer Gesellschaft, die im Eigentum von Privaten steht.

- Eine öffentlich rechtliche Körperschaft und/oder Private beteiligen sich an einer Gesellschaft, die bereits im gemeinsamen Eigentum von öffentlicher Hand und Privaten steht.

- Eine bereits gemischt-rechtliche Gesellschaft, also eine privatrechtliche Gesellschaft, die bereits öffentlichrechtliche Körperschaften und privatrechtliche natürliche oder juristische Personen als Gesellschafter hat, beteiligt sich an einer anderen privaten oder gemischtrechtlichen Gesellschaft. Diese gestufte Form der Kooperation ist sehr kompliziert im Handling und wird in der Praxis selten angewandt.

- Öffentliche Hand und Private gründen gemeinsam eine neue Gesellschaft, die eigens für den spezifischen ins Auge gefassten Zweck konzipiert wird.

- Eine gemischtrechtliche Gesellschaft gründet eine neue Gesellschaft mit öffentlichen Körperschaften, natürlichen Personen, juristischen Personen des Privatrechts oder anderen gemischtrechtlichen Gesellschaften. Auch hier gilt, dass die Kompliziertheit einer häufigen Verwendung dieser Kooperationsvariante entgegenstehen.

- Eine natürliche oder aus Privaten bestehende juristische Person erwirbt eine stille Beteiligung an einem öffentlichen Unternehmen.

- Eine natürliche oder aus Privaten bestehende juristische Person erwirbt eine stille Beteiligung an einer bereits aus Privaten und der öffentlichen Hand bestehenden Gesellschaft.

Es handelt sich bei den genannten Gesellschaften um juristische Personen des Privatrechts. Verwirrend mag sein, dass eine juristische Person des Privatrechts auch Körperschaften des öffentlichen Rechts als Gesellschafter haben kann. Es

---
[1] In der Regel wenn Eigentümerin der privatrechtlich organisierten Gesellschaft die öffentliche Hand ist.

handelt sich bei diesen Gesellschaften meist um GmbHs, da bei Aktiengesellschaften die Geschäftsleitung ausschließlich die Belange der AG im Auge haben muß; das ist bei dieser Art von Kooperation jedoch nicht gewünscht, da der Zweck der Gesellschaft dem öffentlichen Zweck ihrer Gründung in aller Regel untergeordnet ist.

Nicht in Frage kommen Personenhandelsgesellschaften (offene Handelsgesellschaften und Kommanditgesellschaften, bei denen die öffentliche Hand Komplementär ist), da hier grundsätzlich eine unbeschränkte Haftung, auch für Handlungen des privaten Partners besteht. Dies ist weder erwünscht noch haushaltsrechtlich erlaubt. Interessant ist, dass auch die Gesellschafter einer BGB-Gesellschaft unbeschränkt haften. Dass solche, wie oben dargestellt, dennoch immer wieder, vor allem in Form von Handschlag-Public-Private-Partnerships oder memoranda of understandig, vorkommen, liegt an ihrem informellen Charakter, der sie der Institutionalisierung und oft sogar der Aktenmäßigkeit entzieht und so, zumindest in den Augen der Partizipanten, ihre Beweisbarkeit im einzelnen reduziert.

Grund von Kooperationen, in welcher Rechtsform auch immer, ist, Kapital und Knowhow zusammenzubringen. Beide können unterschiedlich zwischen den Partnern verteilt sein. Gesellschaftsrechtliche Modelle sind besonders bei kapitalintensiven und spezialisierten Betrieben beliebt. Zu nennen sind z. B. der Abwasserbereich (Kläranlagen) und die Abfallentsorgung (Deponien).

Im Außenverhältnis zum Bürger tritt diesem die privatrechtliche juristische Person gegenüber. Im Innenverhältnis zwischen dem öffentlich-rechtlichen und dem privatrechtlichen Gesellschafter müssen Auskunfts- Einsicht- und Kontrollrechte sowie Mitbestimmungsrechte der öffentlichen Körperschaft genau und befriedigend geregelt sein, ebenso wie die paritätische Besetzung von Organen der Gesellschaft, damit es nicht zu Reibungen der Gesellschafter kommt, die über den kommerziellen Aspekt hinaus letztlich doch sehr verschiedenartige Interessen vertreten, nämlich Gewinnerzielung und öffentliches Wohl.

Denkbar ist auch eine Stufung der Kooperation durch Ausdifferenzierung in mehrere Gesellschaften, etwa eine Besitzgesellschaft und eine Betreibergesellschaft, die den Betrieb von der Besitzgesellschaft pachtet. Dann können auch die Beteiligungsverhältnisse in beiden Gesellschaften unterschiedlich gestaltet werden.
Beliebt ist auch das Modell einer Holding. Eine privatrechtliche Holdinggesellschaft, die teils im Eigentum der öffentlichen Hand, teils von Privaten steht, ist hundertprozentige Eigentümerin verschiedener privatrechtlicher Gesellschaften, die ihrerseits dem Bürger/Kunden gegenübertreten und Leistungen erbringen.

2.3 Auswahl des privaten Partners

Schließlich soll noch ein sehr wichtiger Punkt angesprochen werden, sozusagen das Scharnier zwischen allen Austauschverträgen der öffentlichen Hand mit Privaten. Es handelt sich um das Vergaberecht. Das Vergaberecht regelt, wie die öffentliche Hand den Partner für die (in vielen Fällen lukrative) Partnerschaft aus verschiedenen Bewerbern auswählen muß. Hierbei gelten die Vergabevorschriften für entgeltliche Verträge, die Liefer- Bau- und Dienstleistungen zum Gegenstand haben. Sie umfassen damit praktisch alle Waren (Lieferleistungen) und Dienstleistungen.

Die einschlägigen gesetzlichen Vorschriften sind das Kartellgesetz (GWB) und die Vergabeverordnung (VgV) in Verbindung mit den Verdingungsordnungen (VOB/A) für Bauleistungen oder (VOL/A) für Lieferungen.

Die Vorschriften gelten für staatliche Aufträge. Das sind[1] entgeltliche Verträge zwischen öffentlichen Auftraggeber und Privaten, die Liefer- Bau oder Dienstleistungen zum Gegenstand haben, aber auch Auslobungsverfahren, die zu Dienstleistungsaufträgen führen sollen.

Die Vorschriften gelten erst für Verträge ab bestimmten Schwellenwerten. Diese sind für Waren und Dienstleistungen in den Bereichen Trinkwasserversorgung und Verkehr € 400.000.-, in allen andern Bereichen € 200.000.- und bei Bauleistungen € 5.000.000.-.

Die regulierenden Prinzipien sind die der Transparenz und der Effizienz. Daraus folgt, dass die Inhalte der zu kaufenden Waren oder Dienstleistungen sowie die zuschlagsrelevanten Kriterien genau bezeichnet werden müssen. Die Genauigkeit der Leistungsbeschreibung ist deshalb wichtig, damit bei der Auswahl des Partners nicht „Äpfel mit Birnen" verglichen werden.
Hierfür muss gewährleistet sein, dass:

- Die Teilnahmebedingungen nicht zu exklusiv sind.

- Das Ausschreibungsobjekt, insbesondere die Leistungen, genau und vollständig beschrieben werden.

- Allen Bietern gleicher Zugang zu relevanten Informationen gewährt wird.

- Alle Bieter dieselben Informationen erhalten.

- Bieter ausgeschlossen werden, die sich verbotener Mittel bedienen (z. B. Bestechungsversuche unternehmen).

Das Gesetz[2] zählt abschließend auf, wer als öffentlicher Auftraggeber anzusehen ist. Das sind:

- Gebietskörperschaften und deren Sondervermögen

- Juristische Personen des öffentlichen oder privaten Rechts, die aus Gebietskörperschaften oder deren Verbänden bestehen oder finanziert oder sonst wie bestimmt werden.

- Verbände, deren Mitglieder obige Kriterien erfüllen.

- Personen des privaten Rechts, die auf bestimmten Sektoren (Trinkwasser, Energieversorgung, Verkehr, Telekommunikation) tätig oder staatlich lizensiert sind.

---

[1] § 99 Abs.1 GWB
[2] § 98 GWB

- Private, die öffentliche Konzessionäre sind oder in bestimmter Weise öffentlich gefördert werden.

Es muß ein Auswahlverfahren durchgeführt werden, in der Regel ein offenes Verfahren, d. h. ein Verfahren, in dem nicht mit Bietern verhandelt wird, seltener sind nichtoffene Verfahren. Das sind Verhandlungsverfahren nach einer entsprechenden Aufforderung.

Immer müssen öffentliche Auftraggeber die Ausschreibung in geeigneter Weise bekannt machen. Der Auftraggeber muß ferner bekannt machen, welche Verfahrensart er wählt[1].

Auch die Auswahlkriterien für Bieter regelt das Gesetz[2]. Es konkretisiert damit das Gleichheitsgebot des Art. 3 GG, das für die öffentliche Hand grundsätzlich gilt. Entscheidende Auswahlkriterien sind Fachkunde, Leistungsfähigkeit und Zuverlässigkeit.

Abgeschlossen wird das Verfahren durch Erteilung des Zuschlags[3]. Dieser ist dem wirtschaftlichsten Angebot zu erteilen. Das muß nicht notwendig das billigste sein. Wichtig ist das Preis-Leistungsverhältnis, also welches das ökonomischste Gebot ist. Zur ökonomischen Kriterien gehören auch Kriterien wie Dauerhaftigkeit und Serviceproblematiken. Aber es können neben ökonomischen auch noch andere Kriterien berücksichtigt werden, wie Ästhetik.

Rechtsschutz besteht im Wege der Nachprüfung der Auswahl des Kooperationspartners durch Vergabekammern, entweder der Länder bei Verträgen der Landes-oder Kommunaleinrichtungen oder des Bundes (die beim Bundeskartellamt angesiedelt sind). Beschwerden bei den Vergabekammern haben Suspensiveffekt, so dass sie den Beginn einer Kooperation aussetzen.

---

[1] § 97 Abs.1 GWB
[2] § 97 Abs. 4 GWB
[3] § 97 Abs.5 GWB

3 Anwendungen von Public-Private-Partnerships

Die Anwendungsfelder von Public-Private-Partnerships in der Praxis sind mannigfach. Beispielhaft [1] sollen folgende Verwaltungsfelder genannt werden:

- Verkehrsinfrastrukturmodelle (Betreiber- und Konzessionsmodelle) bei Straßen, Brücken, Tunneln, Flughäfen und Güterverkehrszentren.
  Beispiele sind[2]:
  Die Warnow-Querung
  Die Trave-Querung (Fertigstellung 2005)
  Das Autobahndreieck Buchholz-Bremer Kreuz
  Die Anschlussstellen Offenburg und Baden-Baden

- Immobilienprojekte (Veraltungsgebäude, Schulen, Krankenhäuser).
  In Gera wurde eine Schule im Mietkaufmodell saniert und erweitert. Im Erftkreis erfolgte die Errichtung und der Betrieb einer Schule im Nutzungsüberlassungsmodell.

- Logistik mobiler Wirtschaftsgüter (Telefonanlagen, Fahrzeugflotten).
  Auf diesem Gebiet dominieren Finanzierungsmodelle (Leasing, Mietkauf).

- Kommunale Ver- und Entsorgung (Wasser, Abwasser, Abfall).
  Bei der Haus- und Siedlungsmüllentsorgung Greifswald besorgt z. B. eine privatrechtliche Gesellschaft in einem Betreiber- und Kooperationsmodell die Abfallentsorgung.

- Öffentlicher Nahverkehr.
  In Biberach schlossen sich diverse Verkehrs- und andere Unternehmen sowie der Landkreis Biberach zum Biberacher Nahverkehrsverbund zusammen.

- Wirtschaftsförderung
  In Duisburg wurde eine privatrechtliche Wirtschaftsförderungsgesellschaft gegründet, die zur Hälfte im Eigentum der Stadt Duisburg und zur andern Hälfte im Eigentum verschiedener Wirtschaftsunternehmen steht.

- Forschung und Entwicklung.
  Hier sind die Kooperationen von Hochschulen mit der Industrie zur Entwicklung neuer Forschungserkenntnisse zu nennen.

- E-government
  E-goverment[3] gilt als „wesentlicher Modernisierungsschritt öffentlicher Verwaltungen"[4]. Daher soll es hier etwas ausführlicher dargestellt werden. Es umfasst verschiedene Bereiche, die alle dadurch gekennzeichnet sind, dass mündliche oder schriftliche Interaktion durch elektronische Kommunikation ersetzt werden. Einsetzbar ist elektronische Kommunikation sowohl im Verhältnis Bürger-öffentli-

---

[1] Prozessleitfaden 2003, S. 9-10; BDB 2004, S.16;
[2] BDB 2004, S. 20
[3] hierzu ausführlich PPP und E-Government 2003 mit Literaturübersicht
[4] PPP und E-Government 2003, S.2

che Verwaltung bzw. öffentliche Dienstleistung (im Bereich über den Markt bzw. monopolistisch verkaufter Güter), also im Außenverhältnis wie auch auf vielfältige Weise im Innenverhältnis. Zu denken sind[1] an:

- öffentliche Beschaffung (z.b. Büromaterial)

- elektronische Datenverarbeitungszentren (Rechenzentren)

- Steuerung verwaltungsinterner Prozesse

- Datenbanken

- Elektronisches Archiv

- Ausgabe Elektronischer Formulare

- Informationsportale

- Interaktive Dienstleistungen (Auskünfte, Zahlungen)

- Informationsbörsen als Dienstleistung

- Internetplattformen für Geschäftsbeziehungen

- Foren und bürgerschaftliche Beteiligungen (E-Demokratie)

- Lernangebote (Volkshochschulen)

Ausgewählte Beispiele für Public-Private-Partnerships im E-government-Bereich sind[2]:

Projekte der deutschen Flächenländer (z. B. Baynet.de)
Projekte deutscher Stadtstaaten und Großstädte (z.B. Hamburg.de)
Projekte von Kommunen (Verwaltung 2000)

- Sicherheitsbereich (Bewachung, Personenschutz).
  Beispiele sind die Sicherheitspartnerschaften zwischen der Polizei und dem Bewachungsgewerbe in verschiedenen deutschen Städten.

- Sozialbereich (Kliniken, Altersheime, Kindergärten).
  Viele früher öffentlich-rechtlich organisierte Krankenhäuser/Alters- und Pflegeheime werden heute entweder von einer Betreibergesellschaft betrieben oder wurden in privatrechtliche Besitzgesellschaften eingebracht, deren Gesellschafter die öffentliche Hand und Private sind.

- Städtebau und Stadtentwicklung.

---

[1] PPP und E-Government 2003, S.5
[2] PPP und E-Government 2003, S.18 ff

Beispiele sind die Umwandlung des Westhafens, Frankfurt am Main und die Entwicklung eines neuen Stadtviertels auf dem ehemaligen Betriebsgelände der Firma AEG-Kanis, Essen.

4 Vor- und Nachteile von Public-Private-Partnerships

4.1 Vorteile

Die Verwendung von Public-Private-Partnerships bietet Vor und Nachteile. Als Vorteile kann man ansprechen[1]:

- Finanzmittel, über die die Verwaltung nicht verfügt, stehen zur Verfügung; dass das in einer Zeit leerer Kassen von besonderer Wichtigkeit ist, braucht nicht besonders hervorgehoben zu werden. Daraus folgen insbesondere:[2]

  Frühzeitige Maßnahmenrealisierung
  Haushaltsentlastung um bis zu 100% der Investitionsmittel
  Haushaltsentlastung bezüglich Betriebs- und Erhaltungskosten
  Nutzerfinanzierung

- Kompetenzen, die der Verwaltung nicht zur Verfügung stehen, können acquiriert werden ohne entsprechendes Personal einstellen zu müssen. Da Public-Private-Partnerships in ihrer Dauer absehbar und steuerbar sind, die Einstellung von Personal jedoch viel weniger, sind Ressourcen punktgenauer einsetzbar und kalkulierbar und deshalb billiger.

- Regionalwirtschaftliche Auswirkungen, besonders die Schaffung von Arbeitsplätzen infrastrukturelle Verbesserungen.

- Politische Einflussnahme bleibt – anders als bei materieller Privatisierung – weitgehend erhalten.

- Risiken, die sich in der Regel als finanzielle Risiken darstellen lassen, können kalkuliert zwischen öffentlichem und privatem Partner verteilt und mit späteren Gewinnerwartungen kompensiert werden.

- In Public-Private-Partnerships können auch weitere „Öffentliche", meist Gebietskörperschaften, integriert werden, so dass gleichzeitig Public-Public-Partnerships entstehen[3].

---

[1] PPP und E-Government 2003, S. 7-8
[2] BDB 2004, S.19
[3] Natürlich sind Public-Public-Partnerships auch ohne Beteiligung Privater möglich. In der Beteiligung der Privaten liegt indessen die Möglichkeit größerer Flexibilisierung.

- Der Erfahrungs- und Lernhorizont von Verwaltungen wird erweitert. So können strategische und operative Techniken aus dem privaten Bereich für den öffentlichen nutzbar gemacht werden. Oder der private Partner kann Erfahrungen aus anderen, ähnlichen Projekten, die er schon realisiert hat oder gerade realisiert, an Verwaltungen weitergeben. Er kann auf diese Weise auch Verwaltungen, die mit ähnlichen Aufgabenerfüllungen befasst sind, mit einander in Verbindung bringen.

- Der Kontakt mit einem kompetenten privaten Partner erleichtert in der Regel die Vorbereitung von Folgeprojekten.

4.2 Nachteile

Bei Betrachtung all dieser Vorteile von Public-Private-Partnerships darf nicht verschwiegen werden, dass Public-Private-Partnerships auch Nachteile besitzen, die man bei Entscheidungen, ob man eine solche Partnerschaft eingehen soll, keinesfalls außer Acht lassen darf.
Diese Nachteile sind vor allem[1]:

- Der Aufwand für eine Public-Private-Partnership ist erheblich. Er setzt bereits bei der Prüfung ein, ob man eine solche Partnerschaft eingehen soll. Er setzt sich fort bei den Vorbereitungen und gipfelt schließlich in der Durchführung. Dieser Aufwand ist ein organisatorischer, personeller und finanzieller.

- Öffentliche und private Handlungslogik sind verschieden, weil die Handlungsziele verschieden sind. Öffentliche Handlungsziele sind das Gemeinwohl in seinen unterschiedlichen Ausprägungen, private sind Gewinnzielung.

- Vertragsstörungen bis hin zur Insolvenz des privaten Partners müssen im Fall ihres Eintretens von der Verwaltung verkraftet werden. Ihre Auswirkungen auf die Verwaltung sind viel schlimmer und wesentlich anders als auf Private. Private verabschieden sich im schlimmsten Fall vom Wirtschaftsleben. Die Verfolgung des öffentlichen Wohls kann nicht einfach zu den Akten gelegt und die zu Verwaltenden sich selbst überlassen werden. Im schlimmsten Fall kommen deshalb erhebliche Kosten auf die Verwaltung zu.

- Bei kleinen Projektvolumen kann es vorkommen, dass es keine Form von Kooperation mit Privaten gibt, die Sinn macht.

- Manche Kooperationsformen sind noch nicht oft genug erprobt worden, um über gesichertes Erfahrungswissen bezüglich aller Fallgestaltungen und Situationen zu verfügen. Das gilt insbesondere dann, wenn juristisches Neuland betreten wird, wo es noch keine differenzierte Rechtsprechung oder nicht einmal entsprechende Gesetzgebung gibt. Ein Beispiel ist das US-Cross-Border-Leasing, das auf dem in beiden Ländern nicht ganz kongruenten Verständnis des Eigentumsbegriffs im Steuerrecht beruht, und das im Zuge einer Vereinheitlichung der US-Kongress nun in einem Gesetz verbieten will.

---

[1] PPP und E-Government 2003, S. 8

- Wirtschaftlichkeitsberechnungen können aus denselben Gründen nicht vollumfänglich durchgeführt werden. Es fehlen bei zu vielen Fallgestaltungen die Erfahrungswerte zur Entwicklung realitätsnaher betriebswirtschaftlicher Parameter.

- Aufgrund hoher arbeitsrechtlicher Restriktionen können sich hohe Folgekosten für die Gemeinde bei Überleitungen oder Abbau von Personal ergeben.

- Interner Wettbewerb, insbesondere in der Variante der Public-Public-Partnership, kann sich zu kontraproduktivem Konkurrenzdenken und -handeln entwickeln.

- Schließlich besteht die Gefahr, dass die Verwaltung vom Publikum nicht mehr als einheitliche wahrgenommen wird, wenn sie sich in zu viele Public-Private-Partnerships „zerfasert".

Es wird sicher in jedem Einzelfall zu entscheiden sein, ob die Vor- oder die Nachteile einer Public-Private-Partnership überwiegen. Wie die Erfahrung gezeigt hat, gibt es eine große Zahl von Fällen, bei denen die Vorteile überwiegen. Die Kriterien für Beurteilungen sollen im folgenden kurz dargestellt werden.

5 Entscheidungskriterien der Operationalisierung

Jeder Entscheidung, eine Public-Private-Partnership zu beginnen, muss eine Projektdefinition zugrunde liegen. Eine Projektdefinition umfasst[1]:

- Eine Beschreibung der Projektziele

- Eine Projektabgrenzung

- Eine grobe Darstellung der Strategie, des Inhalts und Umfangs des Projekts

- Die Ermittlung von Ressourcen und Zeitbedarf

- Eine Wirtschaftlichkeitsuntersuchung

- Eine Risikoanalyse

Der 6. Speyerer Qualitätswettbewerb hat eine Reihe von Kriterien entwickelt, die Vor- und Nachteile von Public-Private-Partnerships im Einzelfall zu beurteilen[2]. Es sind folgende:

- welche Zielsetzung liegt der Public-Private-Partnership zugrunde?

---

[1] Prozessleitfaden 2003, S. 21
[2] 6. Speyerer Qualitätswettbewerb 2003

- Inwieweit sind die Zielsetzungen der Partner und deren Verknüpfung mit der Zielsetzung der Public-Private-Partnership hinreichend transparent?
- Existiert eine schriftliche Fassung des Kooperationskonzepts und der Zielsetzung der Public-Private-Partnership?
- Welche Entscheidungskompetenzen haben die Partner?
- Welche besonderen Vorteile werden darin gesehen, die Aufgabenerfüllung durch eine Public-Private-Partnership durchführen zu lassen?
- Welchen konkreten Nutzen erwartet der öffentliche Partner?
- Welchen konkreten Nutzen erwartet der private Partner?
- Welcher konkrete Nutzen wird für den Kunden/Bürger erwartet?
- Welche konkreten Synergieeffekte werden erwartet?
- Wie ist der Abstimmungsprozess zwischen den Partnern organisiert?
  - Generell in den üblichen Unternehmensorganen?
  - In einer besonderen Einrichtung (z. B. Beirat)?
  - Informelle Abstimmung?

6 Schluss

Sehr wahrscheinlich werden sich die möglichen Handlungsfelder in der Zukunft noch ausweiten. Schon heute kann aber gesagt werden, dass sich auf den genannten Politik- und Verwaltungsfeldern die Zahl der Public-Private-Partnerships vermehren und intensivieren wird. Denn die entsprechende Public-Private-Partnership am richtigen Platz spart Kosten, bündelt Synergieeffekte und steigert damit Effizienz. Die aufgezeigten Erfahrungen mit Public-Private-Partnerships haben das deutlich werden lassen. Es ist deshalb zu erwarten, dass von ihnen Signalwirkungen ausgehen werden.

Literaturverzeichnis

BAUER, H.: Verwaltungsrechtliche und verwaltungswissenschaftliche Aspekte der Gestaltung von Kooperationsverträgen bei Public-Private-Partnership, in: Die Öffentliche Verwaltung 1998, S. 89-97.

BERTELSMANNSTIFTUNG/CLIFFORD-CHANCE-PÜNDER /INITIATIVE D21 (Hrsg.): Prozessleitfaden Public-Private-Partnership, 2003. www.initiative D21 und www.bertelsmannstiftung.de/PPP , zit.: Prozessleitfaden.

BERTELSMANNSTIFTUNG/CLIFFORD-CHANCE-PÜNDER/INITIATIVE D21 (Hrsg.): Public-Private-Partnership und E-Government. 2003; www.begix.de , zit: PPP und E-Government

BUDÄUS, D./EICHHORN, P.(Hrsg.): Public-Private-Partnership. Neue Formen öffentlicher Aufgabenerfüllung. 1997.

BUNDESVERBAND DEUTSCHER BANKEN (Hrsg.): Daten, Fakten, Argumente. Public-Private-Partnership – Chance für die Modernisierung von Infrastruktur und Verwaltung. 2004, zit. : BDB

DEUTSCHER STÄDTE-UND GEMEINDEBUND (Hrsg.): Public-Private- Partnership – Neue Wege in Städten und Gemeinden, Verlagsbeilage „Stadt und Gemeinde interaktiv" Ausgabe 12. 2002. www.dstgb.de, zit.: DStGB 2002

GERSTLBERGER, W.: Public-Private-Partnership und Stadtentwicklung, 1999.

GRUPP, K.: Rechtsprobleme der Privatfinanzierung von Verkehrsprojekten, in: Deutsches Verwaltungsblatt 1994, S. 140-147.

GÜPNER, R.: US-CROSS-BORDER-LEASING – Struktur und Risiken eines modernen Finanzierungsmodells, in: Der Gemeindehaushalt 12/2003, S. 277-281.

HEINZ, W.: Public-Private-Partnership, in: Wollmann, H./Roth, R.(Hrsg.) Kommunalpolitik. Politisches Handeln in den Gemeinden. 2. völlig überarbeitete und aktualisierte Auflage. 1998, S. 552-570.

HOCHSCHULE FÜR VERWALTUNGSWISSENSCHAFTEN SPEYER (Hrsg.): 6. Speyerer Qualitätswettbewerb 2003: www.hfv-speyer.de/Qualitätswettbewerb/6, zit.: 6. Speyerer Qualitätswettbewerb.

KIRSCH, D.: Public-Private-Partnership. 1997

KRÖLLS, A.: Rechtliche Grenzen der Privatisierungspolitik, in: Gewerbearchiv 1995, S. 129-144.

LÜDER, K.: „Triumph des Marktes im öffentlichen Sektor", in: Die öffentliche Verwaltung 1996, S. 93-100.

NASCHOLD; F.: Leistungstiefe im öffentlichen Sektor. Erfahrungen, Konzepte, Methoden. 1996.

PEINE, F.J. : Grenzen der Privatisierung – verwaltungsrechtliche Aspekte, in : Die Öffentliche Verwaltung 1997, S. 353-365.

TETTINGER, P.: Die rechtliche Ausgestaltung von Public-Private-Partnership, in: Die Öffentliche Verwaltung 1996, S. 764-770.

TETTINGER, P. J.: Grundlinien des Konzessionsvertragsrechts, in: Deutsches Verwaltungsblatt 1991, S. 786-791.

Wolfgang Beck

Rechtliche Rahmenbedingungen für Public Private Partnerships

Gliederung

1 Zum Vorverständnis
2 Rechtliche Grundlagen
3 Traditionelle Rechtsformen interkommunaler Kooperation
4 Anwendungsbereiche für PPP
5 Auftragsdatenverarbeitung
6 Aufgabenverlagerung auf Dritte
7 Kommunalrechtliche Vorschriften
8 Schlussbemerkung

1 Zum Vorverständnis

Zunächst soll geklärt werden, was unter Public Private Partnerships (PPP) zu verstehen ist. Der Oberbegriff umfasst neben der in langer Verwaltungstradition gewachsenen Beleihung, der Figur des Verwaltungshelfers und der verschiedenen Formen der Organisationsprivatisierung noch eine Vielzahl weiterer Kooperationsformen zwischen der öffentlichen Hand und Privaten.[1] Hier soll PPP adäquat als partnerschaftliches Zusammenwirken von öffentlicher Hand und Privatwirtschaft mit dem Ziel einer besseren wirtschaftlichen Erfüllung öffentlicher Aufgaben als bisher definiert werden. Ursprungsformen der PPP sind:

- die öffentliche Auftragsvergabe mit dem Ziel der Eigenversorgung der Verwaltung (Outsourcing)[2] einschließlich der organisationsrechtlichen Verselbständigung,
- die Auslagerung der Leistungserstellung an Private (Contracting Out),
- private Normierungsausschüsse,
- Arbeitsgemeinschaften zwischen Verwaltungen und Bürgern.

---

[1] Zur begrifflichen Präzisierung und zum Ganzen eingehend WOLFF/BACHHOF/STOBER, Verwaltungsrecht, Band 3, § 92, Rdnr. 1ff. Zu traditionellen Formen der Kooperation s. Abschnitt 3.
[2] Hierzu instruktiv: BÜLLESBACH/ RIESS, NVwZ 1995, S. 444 ff.

Zu Recht wird darauf hingewiesen, dass es sich bei den verschiedenen Formen der PPP um Ausprägungen des auf Mitverantwortung angelegten kooperierenden Staates und der kooperativ agierenden Verwaltung handelt. PPP ist somit ein verwaltungswissenschaftlicher Sammelbegriff.[1]

Die Zusammenarbeit zwischen Verwaltung und Privaten kann in folgenden Bereichen[2] zu einer Verbesserung der kommunalen Handlungsspielräume führen:

- Immobilienprojekte: Verwaltungsgebäude, Schulen, Sportstätten, Theater,

- Projekte im Bereich der kommunalen Ver- und Entsorgung,

- Projekte im Bereich des öffentlichen Nahverkehrs,

- Städtebau- und Stadtentwicklungsmaßnahmen, hier insbes. zur Beplanung, Bebauung und Erschließung einzelner Grundstücke sowie zur wirtschaftlichen Revitalisierung ganzer Stadtteile.

Nach der vertraglichen Aufgaben- und Risikoverteilung sind typisierend folgende Modellformen der PPP zu unterscheiden:

- Betriebsführungsmodell (z.B. eines städtischen Krankenhauses),

- Betreibermodell (sog. BOT-Modell),[3]

- Konzessionsmodell (z.B. Berechtigung des Betreibers im Wege der Beleihung Gebühren/ Maut vom Nutzer zu erheben),

- Leasingmodell,

- Beteilungsmodell oder Kooperationsmodell (gesellschaftsrechtliche Form der Kooperation).

Welches der Modelle für ein PPP-Projekt besonders geeignet ist, lässt sich nicht abstrakt entscheiden. Guter Rat ist bekanntlich teuer, aber mit hohen Erwartungen verbunden. Glaubt man den einschlägigen Berichten, so sind PPP-Projekte für Kommunen angesichts drängender Finanzprobleme augenscheinlich deshalb von gewichtigem Interesse, weil Einsparpotenziale in einer Größenordnung von 15-20 % haushaltsentlastende Wirkung vermuten lassen.

---

[1] WOLFF/BACHHOF/STOBER, a.a.O.
[2] Hierzu instruktiv: WOLFF/BACHHOF/STOBER, a.a.O., § 92, Rdnr. 8 ff.
[3] Build-Operate-Transfer = Bauen-Betreiben-Übergeben.

2 Rechtliche Grundlagen

2.1 Zur Bedeutung rechtlicher Regulation

Es erscheint unverzichtbar, dass auch neue Formen staatlichen und privaten Handelns an Recht und Gesetz gemessen werden müssen. Dies gilt auch dann, wenn zufriedenstellende Regelungen noch nicht existieren. Auch wenn es keine PPP-spezifischen Regelungen gibt, so sind doch die für alle geltenden Normen zu beachten, und zwar auch dann, wenn sie sich noch als offenbar unzureichend zur Erfassung neuer Kooperationsformen zwischen Privaten und öffentlicher Hand erweisen. Zutreffend wird darauf hingewiesen, dass die rechtliche Ausgestaltung von PPP von „juristischen Nebeln umhüllt" ist.[1] Insoweit sei hier stellvertretend auf die zunehmende rechtliche Regulation im Bereich der elektronischen Medien, insbesondere des Internets verwiesen. Auch hier war die Lage zunächst unbefriedigend.

Dennoch lassen sich aus den bestehenden Vorschriften bestimmte Mindeststandards für PPP-Aktivitäten ableiten. Hierzu gehören das Gleichbehandlungs- und Diskriminierungsverbot sowie das Gebot der Transparenz der vereinbarten Aufgaben- und Risikoverteilung. Folglich sind geplante PPP regelmäßig öffentlich auszuschreiben und soweit der Schwellenwert erreicht ist – in einem Vergabeverfahren zu verhandeln. Dabei kommt – worauf unten noch einzugehen ist – der staatlichen und kommunalen Gewährleistungs- und Kontrollverantwortung für die Aufgabenwahrnehmung eine erhebliche Bedeutung zu.[2] Die öffentliche Verwaltung ist verpflichtet, auf den privaten Kooperationspartner einzuwirken, damit dieser die Leistungen tatsächlich erbringt (sog. Einwirkungspflicht).

2.2 Verfassungsrechtliche Vorgaben

Eine Kooperation scheidet aus verfassungsrechtlichen Gründen dann aus, wenn es sich um Staats- oder Verwaltungsmonopole handelt. Derartige Monopole sind indes nichts Statisches, sondern unterliegen dem Wandel des Rechts und der gesellschaftlichen Anschauungen. Es gibt in der Vergangenheit eine Reihe von Beispielen, die einen Rückzug des Staates aus solchen Monopolen dokumentieren:

- Flugsicherung,
- Bundesbahn,
- Bundespost,
- Fernmeldewesen.

Darüber hinaus gelten aus Rechtsgründen als bis dato nicht privatisierungsfähig die folgenden Bereiche:

- Vollstreckungsaufgaben, also Maßnahmen zur zwangsweisen Durchsetzung staatlicher Entscheidungen;

---

[1] So WOLFF/BACHHOF/STOBER, a.a.O., § 92, Rdnr. 35., vgl. aber § 11 BauGB.
[2] Hierzu näher unter Abschnitt 5. und 6.

- die Ausübung unmittelbaren Zwangs und der Waffengebrauch durch besondere Personengruppen.

Solche Aufgaben sind nicht privatisierungsfähig, weil sie nur von Angehörigen des öffentlichen Dienstes vorgenommen werden dürfen. Die Übertragung von Infrastrukturaufgaben und bestimmten Unterstützungsfunktionen (Beispiel: Beteiligung privater Wachdienste beim Objektschutz gefährdeter Gebäude) erscheint jedoch als rechtlich unbedenklich.

2.3 Verwaltungsrechtliche Grenzen

Auch aus einfachgesetzlichen Gründen dürfen hoheitliche Aufgaben nur durch einen Träger öffentlicher Gewalt – also neben dem Bund und den Ländern auch jede Kommune – durchgeführt werden.

Beispiele: Erlass von Verwaltungsakten; Abschluss verwaltungsrechtlicher Verträge; Ausübung unmittelbaren Zwangs.

Ohne (Grund-) Gesetzänderung ergeben sich hier gegenwärtig keine Gestaltungsmöglichkeiten.

Gewisse PPP-Optionen bieten sich bei der Einschaltung von *Verwaltungshelfern* und der Beleihung. Ist der Private lediglich unterstützend tätig, dann unterliegt er im Rahmen der Erledigung hoheitlicher Aufgaben dem *Direktionsrecht* des Hoheitsträgers. Diesem ist es vorbehalten, die erforderliche Kontrolle auszuüben und die ordnungsgemäße Einhaltung der gesetzlichen Bestimmungen seitens des Verwaltungshelfers zu gewährleisten.

Die *Beleihung* eines Privaten ist dagegen nur durch ein formelles Gesetz möglich. Allein als Beliehener ist der Private zur Ausübung hoheitlicher Gewalt berechtigt.

Beispiele: Schornsteinfeger, Maßregelvollzug, Flugkapitän

Ein beachtliches Beispiel für die Leistungsfähigkeit der Beleihung mit einhergehenden PPP-Aktivitäten ist die (formelle) Privatisierung des Maßregelvollzuges in Sachsen-Anhalt (SALUS-gGmbH). Die SALUS gGmbH ist eine Betreibergesellschaft für sozial orientierte Einrichtungen des Landes Sachsen-Anhalt. Sie wurde mit Gesellschaftervertrag vom 18. März 1997 gegründet.[1] Alleiniger Gesellschafter ist das Land Sachsen-Anhalt. Die Gesellschafterrechte werden durch das Gesundheit- und Sozialministerium wahrgenommen. Die SALUS gGmbH verfolgt unmittelbar und ausschließlich gemeinnützige Zwecke. Zum SALUS-Verbund gehören elf Krankenhaus- und Heimeinrichtungen sowie zwei Tochtergesellschaften mit insgesamt rund 1.750 Beschäftigten. Die inhaltlichen Arbeitsschwerpunkte der Einrichtungen liegen in der psychiatrisch-psychotherapeutischen, neurologischen sowie kinder- und jugendpsychiatrischen Versorgung, in der forensischen Psychiatrie sowie in spezialisierten Angeboten der Behindertenhilfe, der Altenpflege und der Jugendhilfe im Land Sachsen-Anhalt. Im Verbund mit ihren Tochtergesellschaften SALUS-Integra gGmbH und SALUS-Service GmbH unterstützt die SALUS gGmbH über den regulären

---

[1] Vgl. www.salus-lsa.de .

Versorgungsauftrag hinaus gesundheits- und sozialpolitische Aufgaben im Land Sachsen-Anhalt.

3 Traditionelle Rechtsformen interkommunaler Kooperation

Jede Rechtsform ist nur so gut, wie sie zur optimalen Erledigung der Aufgabe beiträgt. Sie kann auch lediglich den organisatorischen Rahmen für unvereinbare Auffassungen abgeben. Dann nützt sie der Aufgabenerledigung wenig. Andererseits erscheint die Beurteilung neuer Formen der Zusammenarbeit ohne Kenntnis überkommener Rechtsformen unzureichend. Diese sollen hier kurz vorgestellt werden:

3.1 Gesetz über kommunale Zusammenarbeit (GKG LSA)

Dieses Gesetz stellt eine Reihe von Rechtsformen für die interkommunale Zusammenarbeit zur Verfügung. Den Gemeinden und Verwaltungsgemeinschaften sowie den Landkreisen werden Instrumente an die Hand gegeben, um ihr Verwaltungshandeln effektiver und wirtschaftlicher zu gestalten. Sie sollen vor allem in die Lage versetzt werden, die Aufgabenerfüllung ihrer hauptamtlichen Verwaltungen durch Kooperation zu unterstützen. Auf diesem Wege soll sowohl eine Spezialisierung bei der Erledigung kommunaler Aufgaben als auch die Beibehaltung der kommunalen Verantwortung gewährleistet werden.

Jüngste Änderungen des GKG LSA[1] haben folgende Innovationen gebracht:

- unter Beibehaltung der bewährten gesetzlich geregelten Formen der Zusammenarbeit wird als Vorstufe die sog. Arbeitsgemeinschaft aufgenommen;

- die Organstrukturen des Zweckverbandes werden gestrafft: Der Verbandsgeschäftsführer erhält kraft Gesetzes umfassendere Kompetenzen;

- künftig sind Mehrzweckverbände zugelassen, soweit ein inhaltlicher Zusammenhang der Aufgaben besteht;

- auch können Teilaufgaben auf Zweckverbände übertragen werden;

- die Ausschluss- und Kündigungsmöglichkeit von Mitgliedern wird eröffnet;

- es entfällt die Möglichkeit zur Bildung von Zweckverbänden für die Aufgaben des übertragenen Wirkungskreises für Mitgliedsgemeinden der Verwaltungsgemeinschaften;

---

[1] Zweites Gesetz zur Änderung des Gesetzes über kommunale Gemeinschaftsarbeit v. 25.Februar 2004 (GVBl. LSA, S. 80).

- Zweckvereinbarungen können künftig auch zur (bloßen) Durchführung von Aufgaben geschlossen werden;

- es wird eine Verordnungsermächtigung zur Bildung von Pflichtverbänden oder zur Begründung der Zwangsmitgliedschaft in einem bestehenden Verband eingefügt.

3.2 Formen der Zusammenarbeit

3.2.1 Arbeitsgemeinschaft

Die Arbeitsgemeinschaft gilt als einfachste Form kommunaler Zusammenarbeit, die insofern als Vorstufe der Zweckvereinbarung oder des Zweckverbandes geeignet ist.[1] Das GKG LSA sieht für Gemeinden und Landkreise die Möglichkeit zur Bildung einer Arbeitsgemeinschaft vor, lässt aber auch eine Beteiligung sonstiger Körperschaften, Anstalten und Stiftungen des öffentlichen Rechts sowie natürlicher und juristischer Personen des Privatrechts zu (§ 2 Abs. 2 Satz 1 und 2). Insofern ist für PPP-Konzepte durchaus Raum.

Der Zweck der Arbeitsgemeinschaft besteht in der Abstimmung des Tätigwerdens der Mitglieder hinsichtlich einer effektiveren und wirtschaftlicheren Erfüllung einer überörtlich bedeutsamen Aufgabe (§ 2 Abs. 2 Satz 3 GKG LSA). Als sinnvoll erscheint die Bildung einer Arbeitsgemeinschaft z.B.

- zur Tuchfühlung im Bereich der Stadt-Umland-Problematik und beim Stadtmarketing,

- bei der Abstimmung von Planungen für den Einsatz elektronischer Datenverarbeitung oder bei der Fahrplangestaltung benachbarter Verkehrsbetriebe.

Die Rechte und Pflichten der Beteiligten als *Träger von öffentlichen Aufgaben und Befugnissen werden durch die Beteiligung an einer Arbeitsgemeinschaft nicht berührt (§ 2 Abs. 2 Satz 4 GKG LSA).*

3.2.2 Zweckvereinbarung (§§ 3 ff. GKG LSA)

Als eine öffentlich-rechtliche Form kommunaler Gemeinschaftsarbeit sieht das GKG LSA die Zweckvereinbarung vor (§ 2 Abs. 1). So können – wie aus der in § 3 Abs. 1 Satz 1 GKG LSA enthaltenen Legaldefinition hervorgeht – kommunale Körperschaften durch öffentlich-rechtlichen Vertrag befristet oder unbefristet vereinbaren, dass eine von ihnen *bestimmte Aufgaben zugleich für die übrigen Beteiligten erfüllt oder besorgt*. Ihrer Rechtsnatur nach ist die Zweckvereinbarung ein normsetzender, koordinationsrechtlicher öffentlich-rechtlicher Vertrag im Sinne des VwVfG LSA. Dieser lässt sich nach seiner Struktur und Wirkungsweise zwischen der kommunalen

---
[1] Zweites Gesetz zur Änderung des Gesetzes über kommunale Gemeinschaftsarbeit. Zur Begründung s. auch die Lt-Drs. 4/1083.

Arbeitsgemeinschaft und dem Zweckverband einordnen.[1] Eine Zweckvereinbarung kann *nur zwischen kommunalen Körperschaften, also Gemeinden, Landkreisen, Verwaltungsgemeinschaften*, getroffen werden, nicht jedoch, wenn die beteiligten Gemeinden derselben Verwaltungsgemeinschaft angehören (vgl. § 3 Abs. 1 Satz 3 GKG). Die Einbeziehung Privater kommt somit nicht in Betracht.

> Beispiel: Die Mitgliedsgemeinden einer VG wollen Trägerschaft und Nutzung gemeindlicher Sporteinrichtungen durch eine Zweckvereinbarung regeln und auf eine Mitgliedsgemeinde übertragen. Ein solcher Vertrag ist materiellrechtlich unzulässig. Richtigerweise müsste diese Aufgabe auf die Verwaltungsgemeinschaft übertragen werden.

Als möglichen Inhalt einer Zweckvereinbarung sieht der Gesetzgeber die Übertragung einzelner oder mehrerer Aufgaben zur Erfüllung vor, die die beteiligten Körperschaften wahrzunehmen berechtigt oder gesetzlich verpflichtet sind (§ 3 Abs. 2 Satz 1 GKG LSA). Gegenstand der Zweckvereinbarung können aber auch lediglich die Übertragung der Aufgabe zur Besorgung (also verwaltungsmäßigen Erledigung) sein und die Beschränkung der Übernahme auf sachlich oder örtlich begrenzte Teile von Aufgaben (§ 3 Abs. 2 Satz 2 und 3 GKG LSA).

Voraussetzung der Wirksamkeit der Zweckvereinbarung ist ihre Genehmigung durch die Kommunalaufsicht. Dies gilt, soweit gesetzlich zugewiesene Aufgaben des eigenen Wirkungskreises oder Aufgaben des übertragenen Wirkungskreises *erfüllt werden sollen* (§ 3 Abs. 3 Satz 1 GKG). Mit der Wirksamkeit der Zweckvereinbarung gehen das Recht und die Pflicht zur Erfüllung der Aufgaben auf die übernehmende Körperschaft über, darüber hinaus auch die Rechte und Pflichten, die mit der Erfüllung der Aufgabe verbunden sind (§ 4 Abs. 1 Satz 1 GKG LSA). Dieser Aufgabenübergang im Wege der Delegation bringt eine Erweiterung von Rechten und Pflichten bei der verpflichteten kommunalen Körperschaft mit sich, wobei die übrigen Beteiligten in gleichem Umfang von ihren gesetzlichen Verpflichtungen freigestellt und entlastet werden.[2] Ergänzend räumt der Gesetzgeber in Satz 2 den übrigen Beteiligten ein Mitwirkungsrecht an bestimmten Angelegenheiten ein.

Zu beachten ist aber, dass Satzungen und Verordnungen, die von den Körperschaften erlassen werden, in den Bekanntmachungsblättern aller beteiligten Körperschaften öffentlich bekannt zu machen sind (§ 4 Abs. 2 GKG LSA). Regelungen in Bezug auf Änderung und Auflösung von Zweckvereinbarungen trifft § 5 GKG LSA. So sind in der Zweckvereinbarung Bestimmungen über deren Änderung oder Auflösung bzw. den Austritt von Mitgliedern zu verankern (Abs. 1). Die Folgen des Wegfalls von Beteiligten einer Zweckvereinbarung regelt Abs. 2 unter Hinweis auf § 15 GKG LSA.

Änderungen der Zweckvereinbarung unterliegen gem. § 3 Abs. 3 GKG LSA der Genehmigungspflicht, die übrigen Änderungen der Anzeigepflicht. Im Falle der Auflösung einer Zweckvereinbarung hat gegebenenfalls eine Auseinandersetzung stattzufinden. Diesbezüglich soll die Zweckvereinbarung entsprechende Bestimmungen enthalten. Kommt es nicht innerhalb einer bestimmten Frist zu einer Einigung über die Auseinandersetzung, so trifft die Kommunalaufsichtsbehörde die erforderlichen Bestimmungen (§ 5 Abs. 4 GKG LSA).

---

[1] GERN, Deutsches Kommunalrecht, Rdn. 945.
[2] BECK/LÜBKING, Gemeindeordnung für das Land Sachsen-Anhalt, M § 4 Rdn. 1.

3.2.3 Zweckverband (§§ 6 ff. GKG LSA)

Der Zweckverband – eine typische Organisationsform interkommunaler Zusammenarbeit – stellt seiner Rechtsnatur nach eine Verbandskörperschaft des öffentlichen Rechts dar und verwaltet seine Angelegenheiten im Rahmen der Gesetze unter eigener Verantwortung.[1]

Das GKG LSA sieht vor, dass sich kommunale Gebietskörperschaften zur gemeinsamen Erfüllung einzelner Aufgaben zu einem Zweckverband, dem sog. Freiverband, zusammenschließen können (§ 6). Daneben steht es auch anderen Körperschaften, Anstalten und Stiftungen des öffentlichen Rechts frei, Verbandsmitglieder zu sein, soweit nicht die für sie geltenden Vorschriften eine Beteiligung ausschließen oder beschränken. Das gilt auch in gleicher Weise für natürliche und juristische Personen des Privatrechts, wenn es für die Erreichung des Zwecks von besonderer Bedeutung ist. Das Gesetz schließt allerdings die Mitgliedschaft von Zweckverbänden und Verwaltungsgemeinschaften in einem Zweckverband aus (§ 6 Abs. 1 Satz 5 GKG LSA). Die Einbindung Privater im Rahmen eines PPP-Projektes ist also grundsätzlich zulässig.

Die rechtmäßige Bildung eines Zweckverbandes erfordert eine von den Beteiligten durch öffentlich-rechtlichen Vertrag vereinbarte Verbandssatzung, die sowohl dem gesetzlich vorgeschriebenen Mindestinhalt entsprechen muss als auch die sonstigen Rechtsverhältnisse des Zweckverbandes regeln soll (§ 8 Abs. 1 - 3 GKG LSA). Zur wirksamen Bildung des Zweckverbandes bedarf die Verbandssatzung der Genehmigung der Kommunalaufsichtsbehörde (§ 8 Abs. 4 GKG LSA). Sowohl die Verbandssatzung als auch ihre Genehmigung sind durch die Kommunalaufsichtsbehörde in ihrem amtlichen Veröffentlichungsblatt bekannt zu machen. Am Tag nach dieser öffentlichen Bekanntmachung entsteht der Zweckverband (§ 8 Abs. 5 GKG LSA).

Als notwendige Rechtsfolge der Entstehung des Zweckverbandes sieht der Gesetzgeber einen *Aufgabenübergang* vor. So gehen das Recht und die Pflicht der beteiligten kommunalen Gebietskörperschaften zur Erfüllung übertragener Aufgaben und die Ausübung dazu notwendiger Befugnisse auf den Zweckverband über, einschließlich der Befugnis, für die betreffenden Aufgaben Satzungen oder Verordnungen zu erlassen (§ 9 Abs. 1 GKG LSA).

Das GKG LSA bestimmt als Organe des Zweckverbandes die Verbandsversammlung (§ 11) und den Verbandsgeschäftsführer (§ 12). Als Hauptorgan des Zweckverbandes obliegt der Verbandsversammlung die Zuständigkeit für alle seine wichtigen Aufgaben, insbesondere für den Erlass von Satzungen.[2] Die Verbandsversammlung besteht aus je einem Vertreter der Verbandsmitglieder, sofern nicht die Verbandssatzung eine abweichende Bestimmung enthält (§ 11 Abs. 1 GKG LSA). Diese kann vorsehen, dass Verbandsmitglieder ein mehrfaches Stimmrecht haben und dass das Stimmrecht eines Verbandsmitgliedes durch eine entsprechende Zahl von Vertretern ausgeübt wird (§ 11 Abs. 4 GKG). Die Beschlussfähigkeit der Verbandsversammlung setzt mehr als die Hälfte der Verbandsmitglieder und mehr als die Hälfte der satzungsmäßigen Stimmen voraus (§ 11 Abs. 5 GKG LSA). Den Vorsitzenden der

---

[1] GERN, Deutsches Kommunalrecht, Rdn. 934.
[2] GERN, Deutsches Kommunalrecht, Rdn. 939.

Verbandsversammlung wählt die Verbandsversammlung aus ihrer Mitte (§ 11 Abs. 6 GKG LSA).

Die Vertretung des Zweckverbandes übernimmt der von der Verbandsversammlung für die Dauer von sieben Jahren gewählte Verbandsgeschäftsführer, indem er den Zweckverband leitet. In eigener Verantwortung erledigt er die Geschäfte der laufenden Verwaltung und entscheidet in Angelegenheiten, die ihm durch Verbandssatzung zugewiesen sind (§ 12 Abs. 1 bis 3 GKG LSA).

3.2.4 Verwaltungsgemeinschaft (§§ 75-85 GO LSA)

Die Verwaltungsgemeinschaft als eine Form kommunaler Zusammenarbeit kann durch benachbarte Gemeinden eines Landkreises zur Stärkung ihrer Verwaltungskraft mittels öffentlich-rechtlicher Vereinbarung gebildet werden (§ 75 Abs. 1 GO LSA). Darüber hinaus lässt das Gesetz den landkreisübergreifenden Abschluss einer Gemeinschaftsvereinbarung zu, wobei die Mitgliedsgemeinden einer so gebildeten Verwaltungsgemeinschaft nur einem Landkreis angehören (§ 76 Abs. 1a GO LSA). Eine Beteilung Privater an der Gemeinschaftsvereinbarung kommt hier nicht in Betracht.

Ihrer Rechtsnatur nach ist die Verwaltungsgemeinschaft eine Körperschaft des öffentlichen Rechts mit Dienstherrenfähigkeit (§ 75 Abs. 4 GO LSA). Die Gemeindeordnung unterscheidet zwei Formen der Verwaltungsgemeinschaft: das Modell „Gemeinsames Verwaltungsamt" als gesetzlichen Regelfall und das Modell „Trägergemeinde". Entscheiden sich die Mitgliedsgemeinden für die erstgenannte Organisationsform, bilden sie ein eigenständiges sog. *Gemeinsames Verwaltungsamt*, das sämtliche Verwaltungsaufgaben erledigt. Entscheiden sich die Mitgliedsgemeinden zugunsten des Modells „Trägergemeinde", dann erfüllt eine Mitgliedsgemeinde die Aufgaben des gemeinsamen Verwaltungsamtes. Ihrem Bürgermeister obliegt dann die Wahrnehmung der Aufgaben des Leiters des gemeinsamen Verwaltungsamtes (§ 82 Abs. 1 GO LSA).

Die Bildung der Verwaltungsgemeinschaft erfolgt durch eine Gemeinschaftsvereinbarung, einem öffentlich-rechtlichen Vertrag i.S. §§ 54 ff. VwVfG LSA. Dieser bedarf der Genehmigung der oberen Kommunalaufsichtsbehörde. Der wirksame Abschluss einer Gemeinschaftsvereinbarung bringt insbesondere die bindende gesetzliche Folge mit sich, dass die Verwaltungsgemeinschaft alle Aufgaben des eigenen Wirkungskreises der Mitgliedsgemeinden besorgt (Besorgungsaufgaben) und deren Aufgaben des übertragenen Wirkungskreises im eigenen Namen zu erfüllen hat.[1] Zur Durchführung dieser Aufgaben muss die Verwaltungsgemeinschaft die erforderliche Leistungsfähigkeit auf Dauer nachweisen. Davon ist regelmäßig auszugehen, wenn die Einwohnerzahl der Mitgliedsgemeinden 10.000 beträgt (§ 76 Abs. 1 GO LSA).

Zu den Organen der Verwaltungsgemeinschaft zählt zum einen der *Gemeinschaftsausschuss*, der aus den Bürgermeistern der Mitgliedsgemeinden besteht und in Angelegenheiten der Verwaltungsgemeinschaft entscheidet (vgl. § 79 ff. GO LSA). Zum anderen ist ein Leiter des gemeinsamen Verwaltungsamtes für die Amtszeit von sechs Jahren zu berufen, der die Geschäfte der laufenden Verwaltung führt und in

---

[1] BECK/LÜBKING Gemeindeordnung für das Land Sachsen-Anhalt, G § 77 Rdn. 2.

Angelegenheiten entscheidet, die ihm durch Gemeinschaftsvereinbarung oder Beschluss des Gemeinschaftsausschusses zugewiesen sind (vgl. § 81 f. GO LSA).

3.2.5 Gemeindeverbände

Unter Gemeindeverbänden im weiteren Sinne versteht man alle öffentlich-rechtlichen Körperschaften auf einer Ebene oberhalb der Gemeinde. Ihnen steht im Rahmen ihres gesetzlichen Aufgabenbereichs nach Maßgabe der Gesetze das Recht zur Selbstverwaltung zu (Art. 28 Abs. 2 Satz 2 GG, Art. 87 Abs. 1 Verfassung LSA). Die Gemeindeverbände erledigen öffentliche Aufgaben der Gemeinde, die verwaltungstechnisch oder finanziell dazu nicht in der Lage sind, oder auch Aufgaben, die auf übergemeindlicher Ebene wirksamer bewältigt werden können. Als *Gemeindeverbände* im engeren Sinne werden alle Gebietskörperschaften zwischen Gemeinde und Land verstanden, die nicht nur Einzelaufgaben verfolgen, z.B. Samtgemeinde, Landkreise, Landschaftsverbände. Sie nehmen in großem Umfang wichtige öffentliche Aufgaben als Selbstverwaltungsaufgaben wahr. Raum für eine institutionelle Zusammenarbeit mit Privaten besteht hier nicht.

3.2.6 Kommunale Spitzenverbände

Die Gemeinden und Landkreise haben das Recht, Vereinigungen, also kommunale Spitzenverbände, zur Förderung der kommunalen Selbstverwaltung und zur Wahrnehmung ihrer Interessen zu gründen.[1] Als eine besondere Form zwischengemeindlicher Zusammenarbeit stellen kommunale Spitzenverbände in Sachsen-Anhalt privatrechtlich eingetragene Vereine dar und besitzen damit weder Rechtsfähigkeit noch Hoheitsgewalt.[2] Projektbezogenes Zusammenwirken mit Privaten – insbesondere mit anderen Verbänden - ist hier mittlerweile üblich. Kommunale Spitzenverbände finden sich mit dem Deutschen Städte- und Gemeindebund, dem Deutschen Städtetag und dem Deutschen Landkreistag auf Bundesebene. Des Weiteren gibt es in jedem Bundesland entsprechende Interessenverbände, in Sachsen-Anhalt den Städte- und Gemeindebund sowie den Landkreistag.

Die Aufgaben der Spitzenverbände erstrecken sich auf die Wahrnehmung der Interessen ihrer Mitglieder gegenüber dem Gesetzgeber in Bund und Ländern, privaten Verbänden und der Gesellschaft. In Sachsen-Anhalt sieht die Gemeindeordnung ausdrücklich die Beteiligung kommunaler Spitzenverbände im Rahmen des Gesetzgebungsverfahrens vor. So muss die Landesregierung die Verbindung zu den kommunalen Spitzenverbänden des Landes wahren und ihnen bei der Vorbereitung von Rechtsvorschriften ein Anhörungsrecht einräumen (§ 151a GO LSA).

3.2.7 Interkommunale Netzwerke

Erst in den letzten Jahren etablierte sich der Begriff des „Netzwerkes" in Politik, Ökonomie und Soziologie als Ausdruck eines verstärkten Modernisierungsinteresses. Grundsätzlich sind Netzwerke gekennzeichnet durch die Entstehung eines mehr oder weniger *stabilen Musters von Beziehungen zwischen autonomen Akteuren aus dem öffentlichen und privaten Sektor, den Non-Profit-Organisationen sowie gesellschaftli-*

---
[1] A.a.O., G § 151a Rdn. 1.
[2] WIEGAND/GRIMBERG, Gemeindeordnung Sachsen-Anhalt, § 151a Rdn. 1.

chen Gruppierungen.[1] Netzwerke basieren auf einer so genannten Austauschlogik, also Prozessen des „Gebens und Nehmens", die jedoch nicht unmittelbar gegeneinander aufgewogen oder eingeklagt werden können.[2]

Netzwerke, in Form von Städtenetzwerken oder interkommunalen Verbünden, haben die Aufgabe den Austausch von Wissen und Erfahrungen, die gemeinsame Erprobung neuer Ideen und das kommunale Lernen zu fördern.[3]

Wichtige Beispiele von Netzwerken sind das

- Städtenetzwerk „Kommunen der Zukunft"

- das Netzwerk der Bertelsmannstiftung „Beschäftigungsförderung in Kommunen".

Auch im kommunalwirtschaftlichen Bereich nutzen Unternehmen (z.B. Stadtwerke) die Form der Kooperation durch kommunale Netzwerke. Unterschieden wird im Bereich der Unternehmensnetzwerke zwischen *vertikalen und horizontalen Netzwerken*. Als vertikale Netzwerke werden Verbindungen zwischen Unternehmen bezeichnet, die auf nacheinander folgenden Stufen der Wertschöpfungskette angesiedelt sind, während horizontale Netzwerke durch die Zusammenarbeit von gleichwertigen Partnern auf der gleichen Stufe der Wertschöpfungskette gekennzeichnet sind.[4] Die Integration in ein kommunales Netzwerk bewahrt das Unternehmen längerfristig davor, etwa aufgrund von finanziellen Problemen der Kommune, in Schwierigkeiten zu geraten.[5]

---

[1] BERTELSMANN STIFTUNG, u.a. (Hrsg.), Lokale Beschäftigungsförderung – Aufgabe der Kommunen, in: www.verdi.de/0x0ac80f2b_0x00354436 S. 8.
[2] A.a.O., S.9.
[3] Vgl. WZB , Lernen in Netzwerken und kommunale Problemlösungsfähigkeit, in: www.wz-berlin.de/ow/inno/networks_networks.de.htm.
[4] Vgl. Unister, Netzwerke – Formen und Strukturen, in:
 www.unister.de/Unister/wissen/sf_lexikon/skript , S. 2.
[5] ATTIG Zeit für Kooperationen, Kommunale Netzwerke als Alternative zum Ausverkauf von Stadtwerken, in: www.zfk.de/navframe/hintergrund/hintergrund0202_1.pdf. S. 4, Abruf: 03.02.04.

4 Anwendungsbereiche für PPP

Ohne Anspruch auf Vollständigkeit seien wichtige Beispiele für die Wahrnehmung kommunaler Aufgaben in PPP-Form genannt:

- Städtebau/Stadtentwicklung (Konversionsprojekte, Stadtquartierentwicklung),

- Wirtschaftsförderung (Kooperation zwischen Kommunen und Wirtschaftsunternehmen, örtliche Kreditinstitute),

- Bereitstellung von Schulen (Unterhaltung und Bewirtschaftung durch Privaten nach Nutzungsüberlassung an den Schulträger; ferner: Mietkaufmodell mit PPP-Elementen),

- Abfallentsorgung (Betreiber-/Kooperationsmodelle),

- Wasserversorgung/Abwasserbeseitigung (Betreiber-/Kooperationsmodelle),

- Öffentlicher Personennahverkehr (Betreibermodell),

- Informationstechnologie (Betreibermodell),

- Datenverarbeitung.[1]

4.1 Städtebau/Stadtentwicklung

In diesem Bereich geht es vornehmlich um die Umsetzung der sog. Privatisierung im Baurecht. Privatwirtschaftliche Planungs- und Projektentwicklungserfahrungen sollen im Rahmen öffentlich-privater Partnerschaften in die kommunale Stadtentwicklung eingebunden werden. Bereits im Stadium der Baulandentwicklung über konkrete Erschließungs- und Bauleitplanverfahren soll privater Sachverstand mit hoheitlicher Rechtsetzungsmacht kooperieren. Normative Ansätze liegen hier insbesondere im städtebaulichen Vertrag (§ 11 BauGB), im Vorhaben- und Erschließungsplan (§ 12 BauGB), im Erschließungsvertrag (§ 124 BauGB), im Sanierungsvertrag (§ 157 BauGB) und im Entwicklungsvertrag (§ 167 BauGB).

---

[1] Hierzu eingehend unter Abschnitt 3.2 und 4.

Unter Konversionsprojekten versteht man den Umbau und die anschließende Umnutzung großflächiger Bodenflächen. Hierzu gehört beispielweise die Umwandlung eines aufgelassenen Kasernengeländes in ein Industrie- oder Gewerbegebiet. In Betracht kommt auch die Nutzung als Hochschul- oder Verwaltungsgebäude. Wird ein ganzer Stadtteil städtebaulich erneuert und aufgewertet, so spricht man von Stadtquartierentwicklung. Dieser Prozess umfasst nicht nur die baulichen und gestalterischen Aktivitäten, sondern auch die Einbindung der Bewohner in diesen Prozess. Hervorzuheben sind hier die Umgestaltungsprozesse in Großsiedlungen der alten und neuen Bundesländer

Beispiele: Bremen: Wohngebiet Neue Vahr; Wittenberg: Wohngebiet Trajuhnscher Bach/ Lerchenberg; Berlin: Wohngebiete Marzahn und Hellersdorf

Mit diesen Prozessen gehen häufig massive, beschönigend als „Rückbau" bezeichnete Baumaßnahmen einher (shrinking cities). Sind die Abrissmaßnahmen nicht ausreichend mit den Bewohnern abgesprochen, so führen sie wegen der offensichtlichen Beeinträchtigungen zu weiterem Wegzug.

Die genannten baulichen und gestalterischen Eingriffe in städtische Siedlungen bezwecken eine Anpassung des Wohnungsbestandes an die rückläufige Bevölkerungsentwicklung. Ob die beabsichtigte Erhöhung des Wohnwertes tatsächlich zu einer Verminderung des Abwanderungsprozesses führt, soll hier nicht beurteilt werden.

4.2 Wirtschaftsförderung

Gemeint ist hier die umfassende Verbesserung der sog. Standortbedingungen für gewerbliche und industrielle Wirtschaftstätigkeit. Umfasst sind hierbei vorrangig die Bereitstellung geeigneter Grundstücke, eine ausgewogene lokale Abgabenstruktur, aktive Arbeitsmarktpolitik und ein entsprechendes Standortmarketing nebst Auf- und Ausbau auch der „weichen" Standortfaktoren. Nicht nur bei der Gründung von Messe- und Ausstellungsgesellschaften, sondern auch bei den anderen genannten Aktivitäten der Wirtschaftsförderung kommen PPP in Betracht.

4.3 Bereitstellung von Schulen

Gemeint ist hier vor allem die Errichtung, Unterhaltung und Bewirtschaftung von Bildungseinrichtungen. Hier hat sich – nach einer Phase intensiver Bautätigkeit – in erheblichem Umfang Investitionsbedarf angestaut, der aber angesichts der desolaten kommunalen Haushaltssituation kaum befriedigt werden kann. Für Private kann es hier angesichts der langfristigen Nutzungsdauer lukrativ sein, Gebäude zu renovieren und zur Nutzungsüberlassung an den Schulträger bereitzustellen. In Betracht kommt neben der Verpflichtung des Privaten zur Neuerrichtung auch das Mietkaufmodell mit PPP-Elementen.

4.4 Abfallentsorgung

PPP stehen vornehmlich im Bereich der Abfallentsorgung im Mittelpunkt. Diese Kooperationen sind gesetzlich vorgesehen (§§ 16 ff. KrW-/AbfG). Im Hinblick auf die vertragliche Ausgestaltung dürfte dieser Bereich als Vorbild für PPP-Konzepte dienen. Hier ist eine Fülle verschiedener Modelle denkbar, namentlich das Betreibermodell, aber auch das Betriebsführungsmodell.

4.5 Wasserversorgung/Abwasserbeseitigung

In jüngster Zeit gewinnen die öffentlich-privaten Kooperationen in diesem Bereich auch überregional an Bedeutung. Zu erwähnen ist hier die Umwandlung der Berliner Wasserbetriebe in eine Anstalt des öffentlichen Rechts. Zu beachten ist, dass derartige Kooperationen einen hinreichenden Einfluss des öffentlichen Aufgabenträgers auf das Unternehmen gewährleisten müssen.

4.6 Öffentlicher Personennahverkehr

Im Bereich des öffentlichen Personennahverkehrs spielt die Konzessionierung privater Linienbetreiber traditionell eine erhebliche Rolle. Gegenwärtig soll die PPP in diesem Segment vor allem eine effektivere und kundenfreundlichere Leistungserbringung im öffentlichen Personennahverkehr gewährleisten.[1] Denkbar ist etwa die Einbindung des Taxenverkehrs und anderer Privatunternehmen in den bisher auch öffentlich-rechtlich eingebundenen Personennahverkehr. Im Übrigen geht es auch um eine umfassende Vernetzung des öffentlichen Personennahverkehrs in den Regionen, um die Attraktivität gegenüber dem Individualverkehr zu gewährleisten.

5 Auftragsdatenverarbeitung

Chancen und Risiken einer PPP sollen hier anhand der Auftragsdatenverarbeitung[2] näher betrachtet und bewertet werden. Grundsätzlich gilt, dass personenbezogene Daten weder erhoben, verarbeitet, noch genutzt werden dürfen, es sei denn, diese Aktivitäten sind erlaubt.[3] Auch für den erlaubten *Datenumgang im öffentlichen Bereich* enthält das BDSG drei grundsätzliche Forderungen:[4]

- Erforderlichkeit: Der Umgang mit den Daten muss zur Aufgabenerfüllung erforderlich sein,

---

[1] Vgl. OVG Lüneburg GewArch 2000, 158; VGH München, GewArch 2000, 159.
[2] Hierzu instruktiv: LANDESBEAUFTRAGTER FÜR DEN DATENSCHUTZ NIEDERSACHSEN (Hrsg.), Auftragsdatenverarbeitung, Orientierungshilfe und Checkliste, a.a.O., S.2 ff.
[3] Grundlage ist das verfassungsrechtlich gewährleistete informationelle Selbstbestimmungsrecht aus Art. 1 Abs. 1 GG. Hierzu näher: BVerfGE 63, 142 ff; 73, 201; 65,41 ff. Vgl. ferner: SEIFERT/ HÖMIG, Grundgesetz, zu Art. 1, Rdnr. 13.
[4] Hierzu und zum Folgenden: KOITZ, Informatikrecht, S. 260.

- Zweckbindung: Der Umgang mit den Daten ist beschränkt auf den gesetzlich zulässigen Zweck,

- Abgestufte Schutzintensität: Strengere Vorgaben für bestimmte sensible Daten.

Daten sind nur dann erforderlich, wenn die betreffende öffentliche Aufgabe ohne den Datenumgang nicht erfüllt werden kann. Demnach genügt es nicht, dass die Datenerhebung der Aufgabenerfüllung bloß dienlich ist. Eine Datenspeicherung „auf Vorrat" für andere Verwaltungsteile oder zur künftigen Verwendung ist daher datenschutzrechtlich unzulässig. Die Erforderlichkeit der Datenerhebung zur Aufgabenerfüllung umfasst auch die Fach- und Rechtsaufsicht und die Datenschutzkontrollinstanz.

Das Zweckbindungsprinzip beschränkt den Umgang mit den Daten auf den gesetzlich zugelassenen Zweck. Diese Zweckbindung gilt nicht nur zwischen verschiedenen Stellen der öffentlichen Verwaltung und Privaten, sondern auch dann, wenn die öffentliche Stelle verschiedene Aufgaben erfüllt. Auch in diesem Fall darf ein Datenaustausch nicht erfolgen (*informationelle Gewaltenteilung*).

Auch im nichtöffentlichen Bereich gelten spezielle datenschutzrechtliche Regelungen. Adressaten sind Rechtssubjekte der privaten Wirtschaft, sonstige Personenvereinigungen und natürliche Personen sowie öffentlich-rechtliche Wettbewerber (§§ 27 ff. BDSG). Zu unterscheiden ist hier, ob im nichtöffentlichen Bereich der Zweck des Datenumgangs „für eigene Zwecke" (§ 28 BDSG) oder „geschäftsmäßig zum Zwecke der Übermittlung" (§§ 29 f. BDSG) erfolgt. Letztere Unternehmen sind vor allem als Auskunfteien, Kreditschutzorganisationen, Adressenhändler sowie Meinungsforschungsinstitute tätig.

Werden personenbezogene Daten durch einen beauftragten Dritten bearbeitet, sind unmittelbar die gesetzlichen Regelungen der Auftragsdatenverarbeitung anzuwenden (§ 11 BDSG; § 12 DSG-LSA). Der Outsourcingnehmer ist verpflichtet, den Weisungen des Auftraggebers zu folgen, nicht zuletzt, weil nur so die Einhaltung der Datenschutzbestimmungen gewährleistet erscheint. Zu beachten ist, dass der Outsourcingnehmer außerhalb von Weisungen die ihm zur Verarbeitung oder Nutzung überlassenen Daten weder für eigene Zwecke noch für Zwecke Dritter verwenden darf. Der Auftraggeber ist berechtigt, die Ausführungen der Bestimmungen des BDSG und der Datensicherungsmaßnahmen jederzeit zu kontrollieren.

Die genannten gesetzlichen Verpflichtungen bei der Verarbeitung personenbezogener Daten im Auftrag entsprechen exakt den Anforderungen, die aus verfassungs- und verwaltungsrechtlicher Sicht an die technische Hilfstätigkeit zu stellen sind. Hervorzuheben ist, dass *bereichsspezifische Regelungen*[1] (z.B. im Sozialrecht, Melderecht, Schul- und Prüfungsrecht usw.) zusätzlich zu beachten sind und die Landesdatenschutzgesetze teilweise schärfere Regelungen als das BDSG treffen.

Das einfachgesetzlich in § 35 Abs. 1 SGB I gewährleistete *Sozialgeheimnis* verhindert, dass Einzelangaben von den Leistungsträgern unbefugt offenbart werden. Es

---

[1] Hierzu näher: LÜBKING, Datenschutz in der Kommunalverwaltung, S. 152 ff. Zu Perspektiven und Rechtsproblemen der Datenverarbeitung durch sog. Electronic Goverment: BOEHME/ NESSLER, NVwZ 2001, S. 374 ff.

umfasst damit alle Daten, die den Sozialgeheimnisträgern zur Erfüllung ihrer Aufgaben bekannt werden. Nur ausnahmsweise dürfen Sozialdaten offenbart werden. Die Offenbarungsbefugnis ist nach § 35 Abs. 1 SGB I abschließend in den §§ 67-77 SGB X geregelt. Die Offenbarung von dem Sozialgeheimnis unterliegenden Daten ist nur zulässig

- im Rahmen der Amtshilfe,
- zur Erfüllung sozialer Aufgaben,
- zur Durchführung des Arbeitsschutzes,
- zur Erfüllung gesetzlicher Mitteilungspflichten,
- zum Schutz der inneren und äußeren Sicherheit,
- zur Durchführung eines Strafverfahrens,
- bei Verletzung der Unterhaltspflicht,
- beim Versorgungsausgleich,
- zur Forschung und Planung.

Die genannten Offenbarungstatbestände betreffen allerdings nicht alle Sozialdaten. Je nach Sensibilität der Daten ist auch die Offenbarungsbefugnis selbst eingeschränkt. Insoweit ist zu unterscheiden zwischen

- Standarddaten,
- erweiterten Standarddaten,
- qualifizierten Daten,
- sensitiven Daten.

Hervorzuheben ist, dass die Sozialdaten einem besonders strengen *Zweckbindungsgebot* unterliegen. Das bedeutet, dass Sozialdaten von anderen Bereichen der Verwaltung *strikt abgeschottet verwaltet* werden müssen. Insoweit gilt der *funktionale Behördenbegriff*. Eine Datenweitergabe oder Übermittlung an andere Sozialleistungsträger ist nur unter den Voraussetzungen des SGB X zulässig. Die unbefugte Offenbarung von Sozialdaten hat überdies ein umfassendes Verwendungs- und Verwertungsverbot zur Folge. Auf die besonderen Voraussetzungen für eine wirksame Einwilligung in die Zustimmung der Weitergabe sensibler Sozialdaten kann hier nur hingewiesen werden.[1]

Auch im Bereich der Jugendhilfe dürfen personenbezogene Daten nur zur Aufgabenerfüllung erhoben und verarbeitet werden (§ 62 Abs. 1 KJHG). Gesetzlich geregelt sind ferner die strenge Zweckbindung und der Offenbarungsschutz, wenn dem Mitarbeiter des Trägers der öffentlichen Jugendhilfe personenbezogene Daten zum Schutz persönlicher und erzieherischer Hilfe anvertraut worden sind.

Das bundesrahmenrechtlich vorgeprägte *Melderecht* fällt in die Gesetzgebungskompetenz der Bundesländer. In den Meldegesetzen finden sich gesetzliche Bestimmungen der Aufgaben der Meldebehörden und Regelungen zur Verarbeitung, Nutzung und Zweckbindung der erhobenen Meldedaten. Die Meldedaten sind durch das *Meldegeheimnis* besonders vor unbefugter Offenbarung geschützt. Insoweit hat der Betroffene gesetzlich garantierte Schutzrechte (Auskunft, Berichtigung, Löschung, Unterrichtung). Abgesehen von der eher unproblematischen Übermittlung von Meldedaten unter Meldebehörden erscheint die Weitergabe der Daten an sonstige

---
[1] LÜBKING, a.a.O., S. 156.

öffentliche Stellen oder zwischen kommunalen Ämtern durchaus anfechtbar. Insoweit genügt es regelmäßig schon, wenn die Datenweitergabe zur Aufgabenerfüllung erforderlich ist. Verbreitet geschieht dies auch durch Online-Zugriff.[1]

6 Aufgabenverlagerung auf Dritte

6.1 Rechtsgrundlagen

Die häufig bürger- und damit Einzelfall bezogene Verwaltungstätigkeit bedarf einer gesetzlichen Grundlage. Dies gilt durchaus unabhängig von der Frage, ob der Staat in die Rechtsposition des Bürgers eingreift oder ob er diesem Leistungen gewährt (sog. Leistungs- und Eingriffsverwaltung). Das grundgesetzlich vorgegebene Rechtsstaatsprinzip fordert eine gesetzliche Grundlage für alle Arten des Verwaltungshandelns (Art. 20 Abs. 3 GG). Auch der Umgang mit personenbezogenen Daten und deren Weitergabe ist stark verrechtlicht und daher für die Zusammenarbeit mit Privaten im IT-Bereich von erheblicher Bedeutung. Daher soll auf Besonderheiten nachfolgend eingegangen werden

6.2 Netzdienstleistungen

Netzdienstleistungen dienen der Übermittlung von Daten bzw. Informationen zwischen verschiedenen Stellen innerhalb und außerhalb der öffentlichen Verwaltung. Sie unterstützen die Kommunikation als faktische Voraussetzung von Verwaltungsentscheidungen. *Netzdienstleistungen* sind nicht selbst Bestandteil des Entscheidungsprozesses, sondern immer ein Hilfsmittel, dessen Anwendung *nicht* dem *Gesetzesvorbehalt* unterliegt. Netzdienstleistungen dürfen von der öffentlichen Verwaltung aber nur in Anspruch genommen werden, wenn die *Einhaltung* der *Verantwortung des Hoheitsträgers* und der *datenschutzrechtlichen Standards gewährleistet* ist.[2]

Gibt die Kommunalverwaltung die der Verarbeitung zugrunde liegenden *Verwaltungsaufgaben* ganz oder teilweise ab und bringt der private Dritte über die bloß technische Durchführung hinaus materielle Leistungen mit Hilfe der ihm überlassenen Daten ein, so spricht man von *Funktionsübertragung*.[3] Diese Art der Kooperation führt dazu, dass der private Kooperationspartner die ihm übertragenen Aufgaben eigenverantwortlich wahrnimmt. Die theoretisch eindeutige Unterscheidung zwischen Funktionsübertragung und *Auftragsdatenverarbeitung* ist in der Praxis durchaus mit Schwierigkeiten behaftet.

---

[1] Hierzu näher: LÜBKING, a.a.O., S. 170 f. Zum Datenschutz im Pass- und Personalausweiswesen sowie im Personalwesen vgl. ders., S. 174 ff., 179 ff.
[2] Hierzu instruktiv: BOEHME/NESSLER, Cyberlaw, S.299 ff.
[3] Vgl. WOHLFAHRT/ EIERMANN/ ELLINGHAUS, Datenschutz in der Gemeinde, S. 25.

Als wichtige Erkenntnismerkmale gelten bei der Auftragsdatenverarbeitung:[1]

- fehlende Entscheidungsbefugnis des privaten Kooperationspartners,
- Beschränkung auf weisungsgebundene Unterstützung bei der Aufgabenerledigung,
- fehlende Rechtsbeziehungen des privaten Kooperationspartners zum betroffenen Bürger,
- Berechtigung des privaten Kooperationspartners zum Umgang mit Daten, die der Auftraggeber zur Verfügung stellt.

Demgegenüber ist die *Funktionsübertragung* wie folgt zu charakterisieren:

- der private Kooperationspartner erhält Nutzungsrechte an den Daten,
- der private Kooperationspartner stellt die Zuverlässigkeit und Richtigkeit der zur Verfügung gestellten Daten eigenverantwortlich sicher,
- der private Kooperationspartner stellt die Rechte an betroffenen Bürgern (Benachrichtigungspflicht, Auskunftsanspruch) eigenverantwortlich sicher.

Es ist unbestreitbar, dass die *Auftragsdatenverarbeitung* von personenbezogenen Daten viele Vorteile, aber auch eine Reihe von Gefahren und Risiken nicht zuletzt im Bereich des Datenschutzes mit sich bringt. Konkret können Gefahren dadurch entstehen, dass

- weitere Akteure bei der Übermittlung und Verarbeitung von Daten das Missbrauchspotenzial erheblich erhöhen,
- eine auf Dritte verlagerte Datenschutzkontrolle komplizierter und qualitativ schlechter wird,
- personenbezogene Daten dem kooperierenden Dritten bekannt werden,
- Kernbereiche staatlicher Tätigkeit

beeinträchtigt sein können.

Die Auftragsdatenverarbeitung darf trotz aller technischen Optionen nur durchgeführt werden, wenn die genannten Gefahren organisatorisch und technisch wirksam beherrscht werden können.[2] Es empfiehlt sich daher, Verträge, die eine Auftragsdatenverarbeitung zum Gegenstand haben, genau zu formulieren und aufgabenspezifisch anzupassen.[3]

---

[1] Hierzu und zum Folgenden: LANDESBEAUFTRAGTER FÜR DEN DATENSCHUTZ NIEDERSACHSEN, Auftragsdatenverarbeitung, Orientierungshilfe und Checkliste, a.a.O., S. 2f.
[2] Vgl. hierzu die Materialsammlung des Landesbeauftragten für den Datenschutz Niedersachsen: www.lfd.niedersachsen.de
[3] Vgl. das Beispiel eines Mustervertrages zur Auftragsdatenverarbeitung des Bayerischen Landesbeauftragten für den Datenschutz, Referat Technik und Organisation (s. Anlage 6).

Von besonderer Bedeutung scheint künftig das Konzept des *Systemdatenschutzes*.[1] Gerade im Bereich des Internet bestehen Datenschutzlücken, wenn private Stellen die Daten nicht geschäftsmäßig für berufliche oder gewerbliche Zwecke verarbeiten, sondern ausschließlich privat nutzen. Nach dem Grundsatz des im TDDSG und MDStV normierten Systemdatenschutzes soll ein bestimmter Standard schon durch die Gestaltung der technischen und organisatorischen Struktur des datenverarbeitenden Systems gewährleistet werden. Datenschutz soll – salopp gesprochen – nicht mehr gegen, sondern mit der Technik gewährleistet werden. Prinzipien des Systemdatenschutzes sind:

- Verbot der Datennutzung mit Erlaubnisvorbehalt,

- Datenaskese, Vorrang einer bloß anonymen Nutzung,

- Abschottung,

- Löschung.

Das Verbot mit Erlaubnisvorbehalt bestimmt, dass die Nutzung personenbezogener Daten grundsätzlich verboten ist. Soweit es technisch machbar ist, muss der Tele- und Mediendienst eine anonyme oder pseudonyme Nutzung gestatten. Es sollen so wenig Daten wie möglich in die Verarbeitung gelangen. Die verschiedenen Verarbeitungsbereiche müssen organisatorisch voneinander abgeschottet sein. Eine „*zentrale Datenverwaltung*" ist somit – trotz heftiger Proteste etwa von Seiten der Online-Provider – unzulässig. Die frühestmögliche Löschung soll das Entstehen von Datenspuren und damit des sog. gläsernen Menschen verhindern.

Insoweit problematisch dürfte der „*Open Profiling Standard*" (OPS) sein. Im Wesentlichen bedeutet er die Zusammenführung aller erforderlichen personenbezogenen Daten, um eine effiziente Datenverarbeitung zu gewährleisten. Die erforderliche vorherige Zweckbestimmung und die Trennung der Zuständigkeiten für die jeweilige Datenverarbeitung erscheint nicht mehr gewährleistet. Er gilt daher gegenwärtig als nach deutschem Datenschutzrecht unzulässig.[2]

Ein besonders innovatives Instrument zur Behebung des augenfälligen Vollzugsdefizits im Datenschutz ist das sog. *Datenschutz-Audit*. Hierbei handelt es sich um ein mehrstufiges Verfahren, dessen erste Stufe zunächst in der Analyse der Datenschutz-Situation besteht, diese bewertet und schließlich auf der dritten Stufe auf die Etablierung eines Datensicherungsmanagementsystems zur Verbesserung des Datenschutzes ausgerichtet ist.[3] Dies bedeutet, dass der Diensteanbieter Serverleistungen nur erbringen darf, wenn er den Datenschutzstandard vertraglich und technisch garantiert. Die öffentliche Verwaltung darf sich nur solcher Dienstleister bedienen, die die Einhaltung des Datenschutzes gewährleisten.

---

[1] Näher hierzu: BOEHME/NESSLER, CyberLaw, S. 293 ff.
[2] So BOEHME-NEßLER, a.a.O., S. 295.
[3] Näher hierzu: BOEHME-NESSLER, a.a.O., S. 295 ff.

7 Kommunalrechtliche Vorschriften

7.1 Primat der Haushaltskonsolidierung

Schließlich enthält auch das Kommunalrecht keine spezifischen PPP-Regelungen. Als Form wirtschaftlicher Betätigung und Zusammenarbeit der Kommune unterliegen auch die kommunalen PPP-Projekte gemeindewirtschaftsrechtlichen und gemeindeverfassungsrechtlichen Vorschriften, namentlich der Gemeindeordnung und der Gemeindehaushaltsordnung. Darüber hinaus kommt angesichts der haushaltswirtschaftlichen Misere der Beachtung von sog. *Haushaltskonsolidierungskonzepten* eine große Bedeutung zu. Gemeinden dürfen Kredite und kreditähnliche Geschäfte nur abschließen, wenn ihre dauernde Leistungsfähigkeit gewährleistet ist. Dies bedeutet, dass insbesondere ein Wirtschaftlichkeitsvergleich vor Durchführung des angestrebten PPP-Modells vorgenommen werden muss, die öffentliche Aufgabenerfüllung im Bereich der Daseinsvorsorge gewährleistet ist und die kommunalwirtschaftlichen Rahmenbedingungen eingehalten werden.

7.2 Wirtschaftlichkeitsvergleich

Hier ist erforderlich, dass die Kommune im konkreten Fall eine umfassende Vergleichsrechnung anstellt, um darzulegen, dass die PPP-Kooperation insgesamt wirtschaftlich mindestens ebenso günstig ist wie die alleinige Aufgabenerfüllung. Es bedarf keiner besonderen Fantasie, um hier eine Achillesferse einer PPP-Lösung zu sehen. Mitunter mögen auch eine zähe Verhandlung und Recherche zu einer haushaltsmäßigen Entlastung führen.

7.3 Sicherung der Aufgabenerfüllung

In der Betriebsphase kommt die Einschaltung Privater in aller Regel nur im Bereich der Leistungsverwaltung in Betracht.

> Beispiele: Wasserversorgung, Abwasser- und Abfallentsorgung, Straßenreinigung und Winterdienst

Auch hier trifft den Hoheitsträger, also die Kommune, die Verpflichtung, die Einhaltung der gesetzlichen Standards zu gewährleisten (Gewährleistungspflicht). Die PPP-Zusammenarbeit muss vertraglich so ausgestaltet sein, dass der private Partner langfristig und verlässlich die Aufgabenerfüllung ermöglichen kann und auch im Ausnahmefall (Insolvenz) die Erfüllung der übertragenen Aufgabe gewährleistet ist.

7.4 Kommunalwirtschaftliche Rahmenbedingungen

Dieser – rechtlich nicht einfach zu durchschauende – Bereich ist in §§ 116 ff. GO LSA eingehend geregelt. Danach steht jede Form der kommunalwirtschaftlichen Betätigung und Kooperation unter dem Vorbehalt, dass

- ein öffentlicher Zweck die Betätigung erfordert,

- die Betätigung nach Art und Umfang in einem angemessenen Verhältnis zur Leistungsfähigkeit der Kommune steht,

- der Vorrang der öffentlich-rechtlichen Wirtschaftsbetätigung – etwa durch einen Eigenbetrieb – gewährleistet ist.

Kommunalwirtschaftsrechtlich ist des Weiteren von Bedeutung, dass die PPP-Kooperation regelmäßig der aufsichtsbehördlichen Genehmigung bedarf. Auf die geschwächte Rechtsposition des privaten Wettbewerbers bei einer ausschließlich erwerbswirtschaftlichen Betätigung der Gemeinde sei hier nur hingewiesen. Eine gesetzliche Verpflichtung zur PPP existiert regelmäßig nicht.

7.5 Verfahren

In formaler Hinsicht sind im Rahmen der PPP einige weitere Aspekte zu beachten. Soweit sich die Gemeinde zur Zahlung eines laufenden Entgeltes als Gegenleistung für eine mit Investitionen am kommunalen Eigentum verbundene Leistung verpflichtet, kann dies einem Kreditgeschäft gleichzustellen sein. Solche Kreditgeschäfte oder kreditähnlichen Geschäfte der Kommune bedürfen unter Umständen einer Einzelgenehmigung nach § 100 Abs. 4 GO LSA. Regelmäßig wird es sich nämlich nicht um ein Geschäft der laufenden Verwaltung handeln.

Aus §§ 32 Abs. 2 GemHVO LSA, 109 GO LSA ergibt sich ferner, dass grundsätzlich alle Aufträge aus Lieferungen, Leistungen und Dienstleistungen vor der Vergabe öffentlich auszuschreiben sind, es sei denn, besondere Umstände rechtfertigen eine Ausnahme.

Unter Umständen können bestimmte Elemente von PPP-Vereinbarungen der Mitbestimmung des Personalrates unterliegen. Dies gilt insbesondere für Privatisierungen. Gem. § 69 Nr. 8 PersVG LSA unterliegen u.a. die Auflösung einer Dienststelle der Mitbestimmung des Personalrates. Hieraus ergeben sich erhebliche Einfluss- und Blockademöglichkeiten, so dass eine rechtzeitige Beteiligung des Personalrates unverzichtbar erscheint.

Soweit es sich nicht ausnahmsweise um ein Geschäft der laufenden Verwaltung handelt, unterliegen PPP-Lösungen regelmäßig der Zuständigkeit des Gemeinderates (§ 44 Abs. 2, Abs. 3 Nr. 7, 8, 9, 10 GO LSA). Ein ohne den erforderlichen Beschluss des Gemeinderates erfolgter Abschluss durch den Bürgermeister ist nach außen zwar wirksam, hat aber im Innenverhältnis unübersehbare rechtliche und politische Folgen.

8 Schlussbemerkung [1]

Die Initiative für PPP geht regelmäßig von der Verwaltungsführung aus. Dabei gilt es folgenden Aspekten Beachtung zu schenken:

- Die PPP-Lösung besteht häufig in der Wahrnehmung bestimmter Verwaltungsaufgaben durch eine private Projektgesellschaft. Für die Entscheidung über die Durchführung des Projektes ist regelmäßig der Gemeinderat als gewählte Vertretung der Bürger, nicht allein der Bürgermeister und die Verwaltung zuständig.

- Die Einschaltung der Mandatsträger bereits im Vorfeld erscheint ratsam, nicht zuletzt auch unter dem Aspekt des möglichen Abbaus von Arbeitsplätzen in der Stadtverwaltung. Gleiches gilt für die rechtzeitige Einbeziehung der Personalräte.

- Mitwirkungsrechte von Bürgern und Betroffenen sind unbedingt zu beachten.

In einer Gesamtschau erscheinen PPP-Lösungen unvermindert lukrativ, und zwar sowohl für die Kommune als auch für private Partner. Die gebotene Beachtung rechtlicher wie spezifisch kommunalrechtlicher Bestimmungen bildet bei Lichte betrachtet eine geringere Hürde als die anhaltende finanzwirtschaftliche Schwäche der Gemeinden, Städte und Landkreise.

---

[1] Die Checkliste erfolgt in Anlehnung an: BERTELSMANN STIFTUNG u. a. PÜNDER 2002, S. 41 f.

Literatur

ATTIG, Dieter, Zeit für Kooperationen, Kommunale Netzwerke als Alternative zum Ausverkauf von Stadtwerken, www.zfk.de

BECK, Wolfgang/ LÜBKING, Uwe, Gemeindeordnung für das Land Sachsen-Anhalt, 25.Lfg., Berlin 2004

BERTELSMANN STIFTUNG u.a. (Hrsg.), Lokale Beschäftigungsförderung - Aufgabe der Kommunen, www.verdi.de

BERTELSMANN STIFTUNG (Hrsg.), Prozessleitfaden, Public Private Partnerships, Gütersloh 2002

BOEHME-NESSLER, Volker, Electronic Government: Internet und Verwaltung, Visionen, Rechtsprobleme, Perspektiven, NVwZ 2001, 374 ff.

BOEHME-NESSLER, Volker, Cyberlaw, Lehrbuch zum Internet-Recht, München 2001

BÜLLESBACH, Alfred/RIESS, Joachim, Outsourcing in der öffentlichen Verwaltung, NVwZ 1995, 444 ff.

GERN, Alfons, Deutsches Kommunalrecht, 3.Aufl., Baden-Baden 2003

KOITZ, Rainer, Informatikrecht schnell erfasst, Berlin 2002

LANDESBEAUFTRAGTER FÜR DEN DATENSCHUTZ NIEDERSACHSEN (Hrsg.), Auftragsdatenverarbeitung, Orientierungshilfe und Checkliste, S.2 ff. www.lfd.niedersachsen.de/funktions/downloadObject/O"c467807_s20,00.pdf.

LÜBKING, Uwe, Datenschutz in der Kommunalverwaltung, Berlin 1992

SEIFERT, Karl-Heinz/ HÖMIG, Dieter, Grundgesetz für die Bundesrepublik Deutschland, Kommentar, 5.Aufl., Baden-Baden 1995

UNISTER, Netzwerke - Formen und Strukturen, www.unister.de

WIEGAND, Bernd/ GRIMBERG, Michael, Gemeindeordnung Sachsen-Anhalt, Kommentar, 3.Aufl., München 2003

WISSENSCHAFTSZENTRUM BERLIN (WZB), Lernen in Netzwerken und Kommunale Problemlösungsfähigkeit, www.wzb-berlin.de

WOLFAHRTH/ EIERMANN/ ELLINGHAUS, Datenschutz in der Gemeinde, Baden-Baden 2004

WOLFF/ BACHOF/ STOBER, Verwaltungsrecht, Band III, 5. Aufl., München 2004

Michael Grimberg

Organisation öffentlicher Sportstätten als Beispiel für kommunale Kooperationen

Gliederung

1 Einleitung

2 Organisationsänderungen und Aufgabenübertragungen

3 Mögliche Organisations- und Rechtsformen des privaten und öffentlichen Rechts

4 Public-Private-Partnership (PPP)

5 Fazit

1 Einleitung

Der Präsident des Deutschen Sportbundes, Manfred von Richthofen, hat im Dezember 2003 vor dem Sportausschuss des Deutschen Bundestages darauf hingewiesen, dass die derzeitig schwierige Lage der Kommunalfinanzen auch deutliche negative Auswirkungen auf den Sport hat. Wichtigster Partner des organisierten Sports seien die Kommunen, die mit 79,6 % der Fördermaßnahmen den größten Anteil der öffentlichen Sportförderung aufweisen. Da die Finanzmittel für den Sport in den Kommunen als „freiwillige Leistungen" definiert seien, würden diese bei Sparmaßnahmen als erstes gestrichen, wodurch der Sport grundlegend in seiner Existenz gefährdet sei[1].

Am 01.07.2000 gab es in der Bundesrepublik Deutschland insgesamt 126.954 Sportstätten. Da die Gemeinden in der Regel Träger und auch Betreiber der wohnungsnahen Infrastruktur und damit auch der Sportstätten waren, wäre die Frage „Wer betreibt Sportanlagen?" vor einiger Zeit wenig interessant gewesen. Die Sportwelt verändert sich jedoch, in einigen Bereichen in immer größerem Tempo. Neben der wachsenden Popularität neuer Sportarten haben private Betreiber beim Betrieb von Sportanlagen an Bedeutung gewonnen. Vereine oder Verbände nehmen den oft finanziell überforderten Gemeinden Betreiberlasten ab[2].

---

[1] Vgl. MITTEILUNGEN STGB NRW 2003, S. 378
[2] Vgl. SPORTSTÄTTENSTATISTIK DER LÄNDER

Abb: 1: Betreiber der Sportstätten (Auszug)

Land	Sport-stätten gesamt	Kommune	Sonstige Öffentliche Hand	Verein/Verband, Sonstige gemeinnützige Organisation	kommerziell
Bayern	22.027	45,3 %	6,9 %	43,6 %	2,8 %
NRW	22.745	62,3 %	2,4 %	29,6 %	4,2 %
LSA	4.036	72,5 %	4,5 %	19,6 %	2,2 %
Durchschnitt alte BL	9.763	57,9 %	3,3 %	34,7 %	3,4 %
Durchschnitt neue BL	4.154	77,8 %	3,1 %	15,2 %	2,0 %
Durchschnitt Bundesgebiet	8.011	61,1 %	3,3 %	31,5 %	3,1 %

Quelle: SPORTSTÄTTENSTATISTIK DER LÄNDER

Aufgrund der Sportstättenstatistik der Länder kann festgestellt werden, dass die Kommunen nach wie vor der wichtigste Betreiber von Sportanlagen sind. Die Durchschnittswerte von neuen und alten Bundesländern zeigen, dass in den neuen Ländern über 3/4 der Sportstätten von den Kommunen betrieben werden. In den alten Ländern hingegen sich dies ca. 58 %. Die Sportstättenstatistik zeigt auch, dass die Verantwortung von Vereinen beim Betrieb von Sportanlagen in den alten Bundesländern ungleich höher als in den neuen Bundesländern ist[1].

---

[1] Vgl. SPORTSTÄTTENSTATISTIK DER LÄNDER

2 Organisationsänderungen und Aufgabenübertragungen

Aufgrund der schwierigen finanziellen Lage der kommunalen Haushalte überlegen die Kommunen zur besseren Effektivität und Effizienz Organisationsänderungen bzg. der freiwilligen Aufgabe „Sport" bzw. die Übertragung von Sportstätten an freie Träger bzw. Vereine und Verbände, z.b. Stadtsportverbände durchzuführen.

Die Organisationsänderungen betreffen auch die Sportämter. Die veränderten finanziellen Rahmenbedingungen der Kommunen, Verwaltungsreformen und stärkerer Abbau von Personal führen zu Veränderungen in den Ressort- und Ämterstrukturen. Bei einer Befragung zur Kommunalen Sportförderung in Baden-Württemberg[1], gab es bei 13 % der befragten Städte in der Vergangenheit Änderungen in der Organisationsstruktur der Sportämter. Hiervon betroffen waren in erster Linie größere Städte mit mehr als 50.000 Einwohnern[2].

Neben der Reorganisation der Sportämter war in der vorgenannten Befragung auch von Interesse, ob bestimmte Aufgaben bereits auf Stadtsportbünde übertragen wurden. In etwa 23 % aller befragten Kommunen wurden bereits Aufgaben an die Stadtsportbünde delegiert oder sind in der Planung, wobei es sich bei den Kommunen um 50 % der Städte mit 50.000 bis 100.000 Einwohnern handelt[3].

---

[1] Vgl. KOMMUNALE SPORTFÖRDERUNG IN BADEN-WÜRTTEMBERG 2003, S. 7
[2] Vgl. KOMMUNALE SPORTFÖRDERUNG IN BADEN-WÜRTTEMBERG 2003, S. 26 f.
[3] Vgl. KOMMUNALE SPORTFÖRDERUNG IN BADEN-WÜRTTEMBERG 2003, S. 27

3 Mögliche Organisations- und Rechtsformen des privaten und öffentlichen Rechts

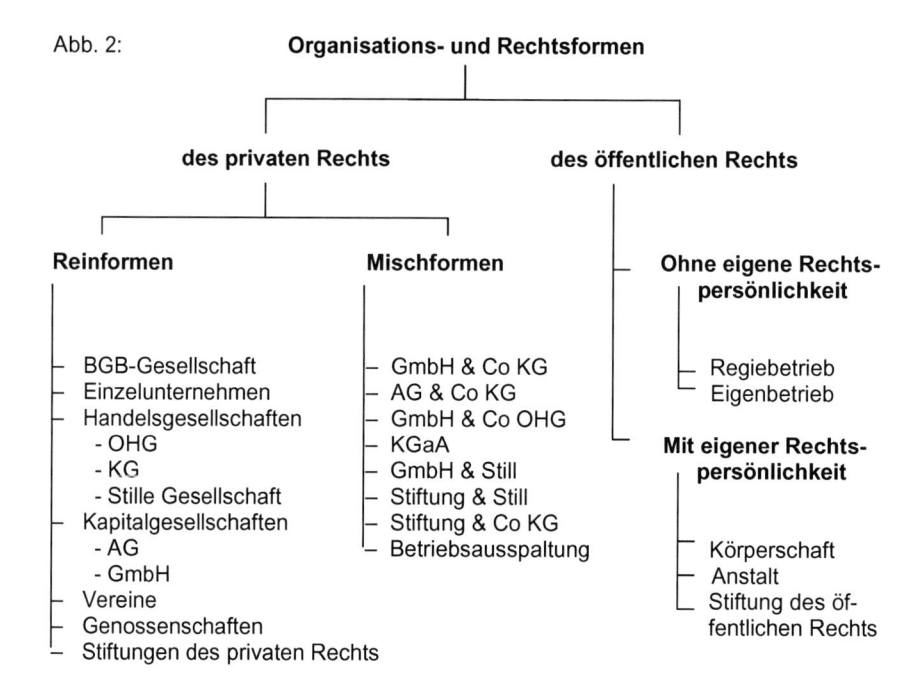

Abb. 2:   Organisations- und Rechtsformen

```
                    Organisations- und Rechtsformen
                    ┌─────────────────┴─────────────────┐
              des privaten Rechts              des öffentlichen Rechts
         ┌──────────┴──────────┐
    Reinformen            Mischformen          ── Ohne eigene Rechts-
                                                  persönlichkeit

   ─ BGB-Gesellschaft    ─ GmbH & Co KG          ─ Regiebetrieb
   ─ Einzelunternehmen   ─ AG & Co KG            ─ Eigenbetrieb
   ─ Handelsgesellschaften ─ GmbH & Co OHG
      - OHG              ─ KGaA              ── Mit eigener Rechts-
      - KG               ─ GmbH & Still          persönlichkeit
      - Stille Gesellschaft ─ Stiftung & Still
   ─ Kapitalgesellschaften ─ Stiftung & Co KG     ─ Körperschaft
      - AG               ─ Betriebsausspaltung    ─ Anstalt
      - GmbH                                      ─ Stiftung des öf-
   ─ Vereine                                        fentlichen Rechts
   ─ Genossenschaften
   ─ Stiftungen des privaten Rechts
```

Quelle: HEINHOLD 1996, S. 36

3.1 Regiebetrieb

Der Regiebetrieb Sport ist ein im Haushaltsplan eingebundener öffentlicher Betrieb, der rechtlich und organisatorisch unselbständig ist. Er wird innerhalb des normalen Verwaltungsaufbaus als Amt oder als Abteilung geführt. Da die Regiebetriebe haushaltsplanmäßig nicht verselbständigt sind, gilt für sie derzeit das kameralistische Rechnungswesensystem.

Die kostenrechnende Einrichtung ist eine Sonderform des Regiebetriebes. Kostenrechnenden Einrichtungen sind nach den Gemeindehaushaltsverordnungen der Bundesländer Einrichtungen der kommunalen Gebietskörperschaften, die in der Regel aus Entgelten finanziert werden. Damit zählen sämtliche Einrichtungen einer Gemeinde mit Entgelterhebung zu den kostenrechnenden Einrichtungen, unabhängig vom Volumen ihrer Entgelte[1]. Da sie auch als organisatorisch unselbständige

---
[1] Vgl. GRIMBERG/BERNHARDT/SCHÜNEMANN/SCHWINGELER 2002, S.338

Regiebetriebe in den Unterabschnitten im Haushaltsplan geführt werden, gilt auch für sie die Kameralistik. Um hieraus die Kostenrechnung und Gebührenkalkulation zu entwickeln, wird oftmals die erweiterte Kameralistik angewandt.

3.2 Zulässigkeit wirtschaftlicher Unternehmen

Es fragt sich zunächst, unter welchen Voraussetzungen wirtschaftliche Unternehmen der Kommunen zulässig sind. Die Voraussetzungen sind in den einzelnen Kommunalverfassungen bzw. Gemeindeordnungen der Bundesländer mit einigen Abweichungen geregelt. Danach darf die Gemeinde in Sachsen-Anhalt nach der Rechtsvorschrift des § 116 der Gemeindeordnung sich in Angelegenheiten der örtlichen Gemeinschaft auch außerhalb ihrer öffentlichen Verwaltung in den Rechtsformen des Eigenbetriebes, der Anstalt des öffentlichen Rechts oder in einer Rechtsform des Privatrechts wirtschaftlich betätigen, wenn

1. ein öffentlicher Zweck die Betätigung rechtfertigt,
2. das Unternehmen nach Art und Umfang in einem angemessenen Verhältnis zur Leistungsfähigkeit der Gemeinde und zum voraussichtlichen Bedarf steht,
3. der öffentliche Zweck nicht besser und wirtschaftlicher durch einen anderen erfüllt wird oder erfüllt werden kann.

Alle Tätigkeiten oder Tätigkeitsbereiche, mit denen die Gemeinde an dem vom Wettbewerb beherrschten Wirtschaftsleben teilnimmt, um ausschließlich Gewinn zu erzielen, entsprechen dabei keinem öffentlichen Zweck.

In der Gemeindeordnung ist nicht dargelegt, was unter dem Begriff wirtschaftliches Unternehmen der Gemeinde zu verstehen ist. Nach den Ausführungsbestimmungen zur Deutschen Gemeindeordnung von 1935 wurden unter wirtschaftlichen Unternehmen Einrichtungen und Anlagen der Gemeinde verstanden, die auch von einem Privatunternehmen mit der Absicht der Gewinnerzielung betrieben werden können. Die Gemeinde darf sich grundsätzlich wirtschaftlich nur im Rahmen der sachlichen und örtlichen Zuständigkeit betätigen und nicht auf Gebieten, die außerhalb ihrer Aufgabenerfüllung liegen. Dies hat das Ziel, die Gemeinde vor der Übernahme wirtschaftlicher Risiken zu bewahren, aber auch die Angehörigen der Privatwirtschaft vor einer drohenden Beeinträchtigung ihrer Interessen zu schützen[1].

Mit dem Begriff des öffentlichen Zwecks als unbestimmtem Rechtsbegriff ist zunächst der Bereich der Daseinsvorsorge angesprochen. Aber auch die Konsolidierung des Haushaltsplanes durch erzielte Gewinne, die Schaffung von Arbeitsplätzen oder die Verhinderung von Marktmacht großer überregionaler Anbieter werden als Zwecke für eine wirtschaftliche Betätigung der Gemeinden angeführt. Der öffentliche Zweck rechtfertigt sicherlich ein wirtschaftliches Unternehmen, wenn ein öffentliches Interesse an einer Aufgabenerfüllung besteht, das vom gemeindlichen Wirkungskreis erfasst wird. Der unbestimmte Rechtsbegriff des öffentlichen Zwecks, der den Gemeinden ein kommunalpolitisches Entscheidungsvorrecht gewährt, ist der Überprüfung durch die Kommunalaufsicht und die Verwaltungsgerichtsbarkeit weitgehend entzogen. Nach herrschender Meinung soll der Begriff des öffentlichen Zwecks sehr

---
[1] Vgl. BGH-Urteil v. 26.05.1961

weit ausgelegt werden, da die denkbaren Gründe des Gemeinwohls äußerst vielfältig sind und von Wettbewerbsintervention über Mitsprache in der Wirtschaft bis hin zu wirtschafts-, speziell infrastrukturfördernden und arbeitplatzsichernden Aktivitäten reichen.

Aufgrund der Voraussetzung, dass das Unternehmen in einem angemessenen Verhältnis zur Leistungsfähigkeit der Gemeinde und zum voraussichtlichen Bedarf stehen muss, soll die Gemeinde untragbare Risiken vermeiden und sich grundsätzlich mit der wirtschaftlichen Betätigung auf das Gemeindegebiet beschränken. Da in jeder unternehmerischen Tätigkeit ein mehr oder weniger großes finanzielles Risiko liegt, darf die Gemeinde keine Verpflichtungen eingehen, die nicht durch ihre allgemeine Finanzkraft und Verwaltungskraft abgedeckt werden können[1].

Der Subsidiaritätsgedanke der besseren und wirtschaftlicheren Erfüllung des Zwecks durch einen anderen schreibt den Vorrang der Privatwirtschaft fest. Durch diese Sicherung soll gewährleistet werden, dass die Gemeinde sich nicht unkontrolliert den Risiken und Gefahren der Teilnahme am Wettbewerb aussetzt. Die Auslegung dieser Voraussetzung ist sehr umstritten. Bei der Konkretisierung der Subsidiaritätsklausel hat die Gemeinde im Einzelfall einen Beurteilungsspielraum, den im Grunde auch nur die Gemeinde aufgrund ihrer umfangreichen Kenntnisse der örtlichen Wirtschaftsverhältnisse ausfüllen kann. Als Anhaltspunkte für die Entscheidungsfindung kann die Zuverlässigkeit privater Wettbewerber, die gleichmäßige Versorgung der Einwohner, das soziale Bedürfnis der Leistungsempfänger und die daraus resultierende Notwendigkeit sozialausgerichteter Leistungsentgelte, die Wirtschaftlichkeit der Betriebsführung sowie sämtliche Qualitätsmerkmale der Leistung herangezogen werden[2].

In einzelnen Kommunalverfassungen bzw. Gemeindeordnungen der Bundesländer wird der Sportbereich neben anderen Einrichtungen als nichtwirtschaftliches Unternehmen ausdrücklich bezeichnet, so dass eine wirtschaftliche Betätigung in den Organisation- und Rechtsformen des Eigenbetriebes, der Anstalt des öffentlichen Rechts oder in einer Rechtsform des Privatrechts nicht möglich ist.

3.2.1 Eigenbetrieb

Aufgrund der prekären finanziellen Lage überlegen viele Gemeinden zur Konsolidierung ihrer Haushalte die Ausgliederung von Aufgabenbereichen aus ihren Kommunalhaushalten. Die Aufgabenerfüllung soll dann in einem neu gegründeten Eigenbetrieb erfolgen. Zwar ergeben sich durch die Ausgliederung zunächst keine zwangsläufigen Ergebnisverbesserungen. Infolge veränderter Organisationsstrukturen und der durch die größere Transparenz der betrieblichen Wirtschaftsführung und des Rechnungswesens weiter erkennbaren Optimierungsmaßnahmen können aber durchaus Synergieeffekte erzielt werden[3].

Beispiele für die Herauslösung des Sportamtes aus der Stadtverwaltung und Überführung in einen Eigenbetrieb sind u.a. die Städte Cottbus, Dresden und Erfurt. Der „Sportstättenbetrieb" als Eigenbetrieb der Stadt Cottbus wurde am 01.07.1990 gegründet. Er verwaltet und betreibt kommunale Sportstätten und Sporteinrichtungen

---
[1] Vgl. WIEGAND/GRIMBERG 2003, S. 807 ff.
[2] Vgl. CRONAUGE/WESTERMANN 2003, S. 161
[3] Vgl. GEMEINDEPRÜFUNGSANSTALT BADEN-WÜRTTEMBERG 2003, Nr. 6.2

der Stadt und schafft bzw. sichert somit die materiell-technischen Voraussetzungen für den Kinder- und Jugendsport, den Nachwuchs- und Spitzensport sowie für den Breiten- und Behindertensport[1]. Der Eigenbetrieb „Sportstätten- und Bäderbetrieb Dresden" wurde gegründet, damit die Finanzmittel zielgerichteter und effektiver eingesetzt werden können. Eventuelle Einnahmen und Einsparungen kommen dem eigenen Bereich zugute und verschwinden nicht im Haushalt der Stadt. Somit ist auch eine größere Kostentransparenz gegeben[2].

Der „Erfurter Sportbetrieb" (ESB) wurde am 01.01.2003 auf Grund des Ratsbeschlusses vom 30.10.2002 als kommunaler Eigenbetrieb der Stadt Erfurt gegründet. Er ging aus dem städtischen Sportamt hervor und führt die Aufgaben dieses Amtes fort[3]. § 1 Abs.2 der Eigenbetriebssatzung der Landeshauptstadt Erfurt für den Erfurter Sportbetrieb sagt aus, das der Zweck des Eigenbetriebes einschl. etwaiger Hilfs- und Nebenbetriebe die Planung, der Bau, die Vermarktung, der Betrieb und die Unterhaltung von Sportstätten, ebenso alle den Betriebszweck fördernden Geschäfte ist. Der Eigenbetrieb verwaltet die im Haushalt der Stadt bereitgestellten Sportfördermittel und organisiert deren Vergabe nach Maßgabe der Beschlüsse des Stadtrates und den Festsetzungen der Sportförderrichtlinie der Stadt Erfurt[4].

Eigenbetriebe gehören zum Sondervermögen der Gemeinden. Beim Sondervermögen handelt es sich überwiegend um Mittel, die zur Erfüllung bestimmter Zwecke vom Haushalt der Gemeinde abgesondert sind. Die Eigenbetriebe sind wirtschaftliche Unternehmen der Gemeinde ohne eigene Rechtspersönlichkeit, die nach den Eigenbetriebsgesetzen und/oder Eigenbetriebsverordnungen der Länder geführt werden. Das Vermögen des Eigenbetriebes als Sondervermögen der Gemeinde ist praktisch ausgegliedert aus der Haushaltswirtschaft. Obwohl die Eigenbetriebe rechtlich zur Gemeinde gehören, sind sie aus der allgemeinen Verwaltung der Gemeinde herausgelöst und besitzen eine gewisse Selbständigkeit.

In Sachsen-Anhalt wurde im Jahr 1997 ein Eigenbetriebsgesetz, das Gesetz über die kommunalen Eigenbetriebe, erlassen, da die Ermächtigungsgrundlage für die alte Eigenbetriebsverordnung, die noch auf der Grundlage der Kommunalverfassung der DDR erlassen wurde, mit Inkrafttreten der Gemeindeordnung für das Land Sachsen-Anhalt entfallen war. Ziel des Eigenbetriebsgesetzes war es, die Entscheidung der Kommunen zugunsten eines Eigenbetriebes gegenüber anderen privatrechtlichen Unternehmensformen zu erleichtern. Nach dem Eigenbetriebsgesetz können die Gemeinden, Landkreise und Verwaltungsgemeinschaften Unternehmen i.S.d. § 116 der Gemeindeordnung ohne eigene Rechtspersönlichkeit als Eigenbetriebe führen, wenn deren Art und Umfang eine selbständige Wirtschaftsführung rechtfertigt.

Die Erweiterung des Anwendungsbereichs ermöglicht auch, nichtwirtschaftliche Unternehmen nach den für Eigenbetriebe geltenden Bestimmungen zu führen. Damit ist den Kommunen die Möglichkeit eröffnet, auch hoheitliche und kulturelle Aufgaben in der Form des Eigenbetriebes wahrnehmen zu können. Die organisatorischen Vorteile der Eigenbetriebsform, insbesondere die Möglichkeit, Aufgaben- und Ressourcenverantwortung deutlicher abzugrenzen, sollen auch für diese Bereiche zugänglich gemacht werden.

---

[1] Vgl. www-user.tu-cottbus.de/-walther/Agenda/cb_projekte_oekeprof_teilnehmer.htm
[2] Vgl. www.dresdnerblaettl.de/2001/04/01040902.htm
[3] Vgl. www.erfurt.de/erfurt/dt/Pages/H70/h72.htm
[4] Vgl. www.erfurt.de/erfurt/doc/5008.pdf

Mit dem Eigenbetriebsgesetz wird gegenüber der alten gesetzlichen Regelung der Verantwortungsbereich der Betriebsleitung erweitert und die Betriebsführung insgesamt gestrafft. Durch eine Erweiterung der Kompetenzen der Betriebsleitung bestimmt unternehmerisches Handeln stärker als bisher die Wirtschaftsführung der Eigenbetriebe. Die Leitungsstruktur des Eigenbetriebes wird einem wirtschaftlichen Management angenähert. Ziel ist es, die internen Betriebsabläufe schneller und effizienter auszugestalten und für den Bürger die kostengünstigste Leistungserbringung zu erreichen[1].

Der Eigenbetrieb hat für jedes Wirtschaftsjahr, das mit dem Haushaltsjahr der Gemeinde grundsätzlich identisch ist, einen Wirtschaftsplan aufzustellen, der vom Gemeinderat zu beschließen ist. Der Eigenbetrieb führt seine Rechnung grundsätzlich nach den Regeln der kaufmännischen doppelten Buchführung, wobei die Art der Buchungen die Fortschreibung der Vermögens- und Schuldenteile ermöglichen muss. Für den Schluss eines jeden Wirtschaftsjahres ist für den Eigenbetrieb ein Jahresabschluss aufzustellen, der aus der Bilanz, der Gewinn- und Verlustrechnung und dem Anhang besteht. In einem Anlagennachweis ist dabei als Bestandteil des Anhangs die Entwicklung der einzelnen Posten des Anlagevermögens einschließlich der Finanzanlagen darzustellen.

Gleichzeitig ist mit dem Jahresabschluss ein Lagebericht aufzustellen, in dem u.a. auf die Änderungen im Bestand der zum Eigenbetrieb gehörenden Grundstücke, die Änderungen im Bestand, in der Leistungsfähigkeit und im Ausnutzungsgrad der wichtigsten Anlagen, die Entwicklung des Eigenkapitals und der Rückstellungen, die Umsatzerlöse, den Personalaufwand, den Bereich der Forschung und Entwicklung, Maßnahmen mit besonderer Bedeutung für den Umweltschutz und die voraussichtliche Entwicklung des Eigenbetriebes einzugehen ist[2].

Die wesentlichen Unterschiede zwischen Regiebetrieb und Eigenbetrieb bestehen darin, dass der Regiebetrieb wie jeder andere Aufgabenbereich im allgemeinen Haushalt nach den für diesen geltenden kameralistischen Grundsätzen geführt und im Rahmen der Ämterorganisation der allgemeinen Gemeindeverwaltung verwaltet wird. Der Eigenbetrieb hingegen mit eigener Wirtschaftsführung und eigenem Rechnungswesen wird nach betriebswirtschaftlichen Grundsätzen getrennt vom Gemeindehaushalt und durch eine eigenständige Betriebsleitung außerhalb der allgemeinen Gemeindeverwaltung geführt[3].

Die Ausgliederung eines Aufgabenbereiches aus dem kommunalen Haushalt in einen Eigenbetrieb ist vorteilhaft. Der Regiebetrieb ist finanzwirtschaftlich in das Gesamtdeckungsprinzip der allgemeinen Haushaltswirtschaft eingebunden, bei dem er sich mit den anderen Haushaltsabschnitten die jeweils zur Verfügung stehenden Deckungsmittel teilen muss. Dagegen erfolgt beim Eigenbetrieb die Aufgabenerfüllung mit einem vom allgemeinen Gemeindevermögen getrennten Sondervermögen mit eigenem Finanzierungssystem und eigener Kreditwirtschaft (Einzeldeckungsprinzip). Im Unterschied zur kameralistischen Haushaltsführung des Regiebetriebs sind die Regelungen für die Wirtschaftsführung des Eigenbetriebs betriebswirtschaftlich konzipiert.

---

[1] Vgl. WIEGAND/GRIMBERG 2003, S. 796 ff
[2] Vgl. GRIMBERG, ÖBWL 2004, S. 29 f.
[3] Vgl. GEMEINDEPRÜFUNGSANSTALT BADEN-WÜRTTEMBERG 2003

Die Wirtschaftsführung und das Rechnungswesen des Eigenbetriebes mit einer eigenen Planung sowie einem eigenen Finanzierungssystem und eigener Kreditwirtschaft bedeuten im Vergleich zum Regiebetrieb mehr Selbständigkeit der verantwortlichen Personen und eine größere Flexibilität in Planung und Vollzug der Aufgabenerfüllung. Durch die kaufmännische doppelte Buchführung ergibt sich zudem eine bessere aufgabenbezogene Erfolgskontrolle mit einem genaueren Überblick über die Ertragslage durch die Gewinn- und Verlustrechnung sowie über das Vermögen und die Schulden durch die Bilanz, mithin also eine größere Transparenz.

Der große Vorteil des Eigenbetriebs gegenüber dem Regiebetrieb besteht insbesondere in dem eigenständigen Finanzierungskreis der (laufenden) Betriebskosten und des Investitionsaufwands. Gleiches gilt für das Planungsinstrumentarium der Erfolgs- und Vermögensplanung, mit dem der Betriebserfolg (Gewinn oder Verlust) und seine Ursachen ebenso eindeutig aufgezeigt werden, wie die Verwendung der erwirtschafteten Betriebsmittel (z.b. Abschreibungen für Kredittilgungen und Investitionen). Kredite werden ausschließlich zur Finanzierung von Maßnahmen des Eigenbetriebs verwendet, so dass die eindeutige Zuordnung der Folgekosten (Kreditbeschaffungskosten, Zinsen) gewährleistet ist. Infolge dieser größeren Transparenz lassen sich gegenüber den Entscheidungsgremien erfahrungsgemäß vor allem Gebühren- und Investitionsentscheidungen eindeutiger begründen. Deshalb stoßen die getroffenen Entscheidungen in der Öffentlichkeit regelmäßig auch auf eine größere Akzeptanz.

Durch die klare und eindeutige Zuordnung sämtlicher Erträge und Aufwendungen auf den Eigenbetrieb kann der Verschuldungs- und Finanzierungsspielraum des Betriebes besser beurteilt werden. Durch das eigenständige Finanzierungssystem sind die für die wirtschaftliche Leistungsfähigkeit eines Betriebs wesentlichen Zusammenhänge leichter erkennbar. Ist z.b. die Abschreibungsdauer fremdfinanzierter Anlagen länger als die Tilgungsdauer der Kredite, entsteht wegen zu geringer Abschreibungen ein Finanzierungsdefizit. Dieses wird beim Regiebetrieb im Rahmen der Gesamtdeckung zu Lasten anderer Aufgabenbereiche zwangsläufig abgedeckt, während es beim Eigenbetrieb im Vermögensplan offenkundig wird. Dadurch besteht die Möglichkeit, über die Finanzierung dieses Defizits unter Berücksichtigung der finanziellen Gesamtbelange der Gemeinde gesondert zu entscheiden (z.B. durch Kapitalzuführung oder Tilgungsanpassung an die Abschreibungsdauer). Auch kann die Finanzierbarkeit von Investitionen wegen der Zuordnung der Folgekosten und ihren Auswirkungen auf die Benutzungsgebühren i.d.R. besser beurteilt werden.

Die Ausstattung des Eigenbetriebes durch Betriebsleitung und Betriebsausschuss führt auch zu unternehmerisch orientierten Entscheidungsstrukturen. Dadurch können Arbeitsabläufe stärker beschleunigt werden als bei der Ämterorganisation des Regiebetriebs, ohne die grundsätzlichen Entscheidungskompetenzen des Gemeinderats und des Bürgermeisters zu berühren. Aus der Praxis ist ersichtlich, dass bei kleineren Gemeinden die Eigenbetriebsform präferiert ist gegenüber der Privatrechtsform, solange keine Dritten in die Aufgabenerfüllung einbezogen werden sollen[1].

---

[1] Vgl. GEMEINDEPRÜFUNGSANSTALT BADEN-WÜRTTEMBERG 2003

3.2.2 Kommunale Anstalt des öffentlichen Rechts

Die Bundesländer haben in den letzten Jahren die Rechtsform der kommunalen Anstalt des öffentlichen Rechts gesetzlich beschlossen. Mit der Einführung dieser Rechtsform sollen die Regelungen zur wirtschaftlichen Betätigung der Gemeinden weiter modernisiert werden. Das Land Sachsen-Anhalt hat im Jahr 2001 das Gesetz über das kommunale Unternehmensrecht beschlossen. Im Rahmen dieses Artikelgesetzes wurde auch das Anstaltsgesetz, das Gesetz über die kommunalen Anstalten des öffentlichen Rechts in Sachsen-Anhalt, verabschiedet.

Aufgrund des Anstaltsgesetzes können die Gemeinden, Landkreise und Verwaltungsgemeinschaften selbständige Unternehmen als rechtsfähige Anstalten des öffentlichen Rechts, Kommunalunternehmen, errichten oder bestehende Regie- und Eigenbetriebe im Wege der Gesamtrechtsnachfolge in rechtsfähige Anstalten des öffentlichen Rechts umwandeln. Die Anstalt des öffentlichen Rechts kann sich sogar nach Maßgabe der Unternehmenssatzung an anderen Unternehmen beteiligen, wenn das dem Unternehmenszweck dient.

Für die Anstalt des öffentlichen Rechts ist wie beim Eigenbetrieb jährlich ein Wirtschaftsplan aufzustellen, dessen Bestandteile Erfolgsplan, Vermögensplan und Stellenübersicht sind. Bei der Buchführung ist das kaufmännische Buchführungssystem anzuwenden. Der Jahresabschluss und der Lagebericht der Anstalt des öffentlichen Rechts werden nach den für große Kapitalgesellschaften geltenden Vorschriften des Handelsgesetzbuches aufgestellt und geprüft, sofern nicht weitergehende gesetzliche Vorschriften gelten oder andere gesetzliche Vorschriften entgegenstehen[1].

Für den Vorrang des Eigenbetriebes und der Anstalt des öffentlichen Rechts als geeignete Rechtsform gemeindlicher wirtschaftlicher Betätigung gegenüber den privatrechtlichen Rechtsformen sprechen u. a. der Vorrang der Gesellschaftsinteressen vor kommunalpolitischen Erwägungen, die Transparenz dieser Rechtsform, Erleichterungen beim Vergaberecht, Vorteile des Rechnungswesens, Flexibilität und Abweichungen vom starren öffentlichen Dienstrecht.

Beispiele für die Herauslösung des gemeindlichen Aufgabenbereiches Sport aus der Stadtverwaltung und Überführung in eine Anstalt des öffentlichen Rechts sind nicht bekannt.

3.2.3 Eigengesellschaften

Im Unterschied zu den Eigenbetrieben sind Eigengesellschaften kommunale Wirtschaftsunternehmen mit eigener Rechtspersönlichkeit. Von kommunalen Eigengesellschaften spricht man dann, wenn alle Aktien einer Aktiengesellschaft oder sämtliche Gesellschaftsanteile einer Gesellschaft mit beschränkter Haftung in der Hand einer Kommune sind. Da die Gemeinde aus den ihr gesetzlich zur Verfügung stehenden Möglichkeiten die für die jeweilige Aufgabenerfüllung wirtschaftlichste und

---

[1] Vgl. GRIMBERG; APF 2001, LSA S. 73

zweckmäßigste Form wählen soll, erhöhte sich in den letzten Jahren u. a. aufgrund der Nachteile der Kameralistik die Zahl der privatrechtlichen Gesellschaften.

Nach den Kommunalverfassungen bzw. Gemeindeordnungen darf die Gemeinde ein Unternehmen in einer Rechtsform des Privatrechts nur unterhalten, errichten, übernehmen, wesentlich erweitern oder sich daran beteiligen, wenn die Voraussetzungen für ein wirtschaftliches Unternehmen vorliegen und der öffentliche Zweck des Unternehmens nicht ebenso durch einen Eigenbetrieb oder eine Anstalt des öffentlichen Rechts erfüllt wird oder erfüllt werden kann. Neben weiteren Voraussetzungen muss durch die Ausgestaltung des Gesellschaftsvertrages oder der Satzung sicher gestellt sein, dass der öffentliche Zweck des Unternehmens erfüllt wird und die Haftung der Gemeinde auf einen ihrer Leistungsfähigkeit angemessenen Betrag begrenzt wird.

Diese Regelungen gelten entsprechend, wenn ein Unternehmen in einer Rechtsform des privaten Rechts, an dem eine Gemeinde allein oder zusammen mit anderen kommunalen Körperschaften mit mehr als 50 v. H. beteiligt ist, eine Gesellschaft oder eine andere Vereinigung in einer Rechtsform des privaten Rechts unterhalten, errichten, übernehmen, wesentlich erweitern, sich daran beteiligen oder eine Beteiligung aufrechterhalten will.

Die Gesellschaft mit beschränkter Haftung findet in den Kommunen Anwendung, da das GmbH-Recht der Ausgestaltung des Gesellschaftsvertrages im Einzelfall einen breiten Spielraum lässt und damit die Wünsche und Bedürfnisse des Gesellschafters Kommune Berücksichtigung finden können. Die Aktiengesellschaften werden hauptsächlich als wirtschaftliche Unternehmen in größeren Städten gebildet, da diese Gesellschaftsform als typische Form für Großbetriebe mit einem erheblichen Kapitalbedarf ausgestattet ist.

Diese privatrechtlichen Gesellschaftsformen sind deshalb für den kommunalen Bereich nach den Kommunalverfassungen bzw. Gemeindeordnungen der Länder nur möglich, da die Haftung für die Gebietskörperschaften in Höhe der Aktienbeteiligung bzw. in Höhe des Gesellschafteranteils begrenzt ist. Die Haftungsbegrenzung muss sowohl bei der Einzahlung als auch bei Kapitalerhöhungen auf die Leistungsfähigkeit der Gebietskörperschaft abstellen und in Satzungen oder Verträgen betragsmäßig begrenzt sein. Als zusätzliche private Rechtsform käme noch die Kommanditgesellschaft in Frage, wobei die Gebietskörperschaft nur als Kommanditist auftritt, so dass sich die Haftung auf die Höhe der Einlage beschränkt. Diese Rechtsform findet allerdings in der Praxis recht selten Anwendung.

3.2.3.1 Aktiengesellschaft

Die Aktiengesellschaft ist eine Gesellschaft mit eigener Rechtspersönlichkeit, deren Gesellschafter an dem in Aktien zerlegten Grundkapital beteiligt sind, ohne persönlich für die Verbindlichkeiten der Gesellschaft zu haften. Die Aktiengesellschaft ist die maßgebliche Organisationsform von Großunternehmen in der Bundesrepublik Deutschland.

Grundsätzlich gelten für Aktiengesellschaften die Vorschriften der §§ 21 ff. des Bürgerlichen Gesetzbuches über eingetragene Vereine. Auf diese Rechtsvorschriften wird nur selten zurückgegriffen, da das Aktiengesetz ausführlich und detailliert auf alle Probleme des Aktiengesellschaftsrechts eingeht. Die Aktiengesellschaft ist eine Gesellschaft mit eigener Rechtspersönlichkeit, die ein in Aktien festgelegtes Grundkapital hat und für deren Verbindlichkeiten gegenüber Gläubigern nur das Gesellschaftsvermögen haftet.

Die Organisationsform der Aktiengesellschaft ist von den einzelnen Gesellschaftern rechtlich unabhängig. Damit die Gesellschaft handlungsfähig ist, bildet sie eine eigene Rechtspersönlichkeit, die juristische Person. Im Bereich der kommunalen Sportstätten ist die Rechtsform der Aktiengesellschaft nicht anzutreffen.

3.2.3.2 Gesellschaft mit beschränkter Haftung

Die Gesellschaft mit beschränkter Haftung ist eine Kapitalgesellschaft, die speziell auf die Bedürfnisse kleinerer Gesellschaften ausgerichtet ist. Bei der Gesellschaft mit beschränkter Haftung, die auch als kleine Schwester der Aktiengesellschaft bezeichnet wird, bestehen bei der Gründung ein geringer Kapitalbedarf und eine Begrenzung des wirtschaftlichen Risikos.

Ein Beispiel für die Herauslösung des gemeindlichen Aufgabenbereiches Sport aus der Stadtverwaltung und Überführung in eine Gesellschaft mit beschränkter Haftung ist die „Karlsruher Sportstätten-Betriebs-GmbH". Gegenstand des Unternehmens sind die An- und Vermietung sowie der Bau, die bauliche Erweiterung von Sportanlagen, der Betrieb und die Vermarktung von Sportstätten bzw. deren Einrichtungen sowie die Förderung des Sports und die Durchführung von Veranstaltungen[1].

Die maßgeblichen Rechtsvorschriften über die Gesellschaft mit beschränkter Haftung sind im Gesetz betreffend die Gesellschaften mit beschränkter Haftung dargelegt. Als juristische Person mit eigener Rechtspersönlichkeit kann die Gesellschaft mit beschränkter Haftung wie die Aktiengesellschaft eigene Rechte erwerben und Verpflichtungen eingehen. Die Gesellschaft mit beschränkter Haftung ist eine Handelsgesellschaft und im Sinne des Handelsgesetzbuches Formkaufmann. Die Gesellschaft kann zu jedem gesetzlich zulässigen Zweck errichtet werden, so dass Unternehmensgegenstand auch ein wissenschaftlicher, sportlicher oder kultureller Zweck sein kann.

Die Gründung der Gesellschaft mit beschränkter Haftung erfolgt nach durch den Abschluss eines Gesellschaftsvertrages, der der notariellen Form bedarf. Die Gesellschaft mit beschränkter Haftung kann von einem Gesellschafter gegründet werden, wobei Gesellschafter natürliche oder juristische Personen sein können. Im Gesellschaftsvertrag sind die Firma und der Sitz der Gesellschaft, der Gegenstand des Unternehmens, der Betrag des Stammkapitals und der Betrag, der von jedem Gesellschafter auf das Stammkapital zu leistenden Einlage, die Stammeinlage festzulegen.

Die Einflussnahme der Kommunen ist bei der Gesellschaft mit beschränkter Haftung durch die Ausübung von Kontroll- und Aufsichtsrechten viel höher als bei der Aktiengesellschaft, da der Verselbständigungsgrad einer Gesellschaft mit beschränkter Haftung gegenüber der unmittelbaren Kommunalverwaltung weniger ausgeprägt ist.

---

[1] Vgl. www.karlsruhe.de/Stadt/uliste.htm

So kann im Gesellschaftsvertrag der Kommune die Bestellung oder Abberufung der Geschäftsführung eingeräumt werden. Der Geschäftsführung können aufgrund des Gesellschaftsvertrages Einschränkungen auferlegt werden, da sie nicht so eigenverantwortlich handeln kann wie der Vorstand bei einer Aktiengesellschaft. Aufgrund eines Beschlusses der Gesellschafterversammlung können gegenüber der Geschäftsführung weitere Beschränkungen erfolgen[1].

Bei Gegenüberstellung der Rechtsformen von Eigenbetrieb und Gesellschaft mit beschränkter Haftung lassen sich folgende Vor- bzw. Nachteile erkennen. Durch Ausschöpfung der eigenbetriebsrechtlichen Möglichkeiten kann ein Eigenbetrieb grundsätzlich genauso flexibel strukturiert werden wie die Gesellschaft mit beschränkter Haftung. Allerdings hat der Eigenbetrieb gegenüber der Gesellschaft mit beschränkter Haftung gegenüber den Vorteil, dass der gesamte Gemeinderat und der Bürgermeister als zuständige Organe unmittelbar in die strategisch wichtigen geschäftspolitischen Entscheidungen eingebunden sind, während dies bei der Gesellschaft mit beschränkter Haftung nur mittelbar über die Gemeindevertreter in den Gesellschaftsorganen (Gesellschafterversammlung und Aufsichtsrat) möglich ist[2].

Die Gemeinde kann ihren Vertretern Weisung erteilen, soweit nicht Vorschriften des Gesellschaftsrechts dem entgegenstehen. Diese Weisungsgebundenheit bezieht sich auf alle Rechte der Vertreter, soweit nicht Vorschriften des Gesellschaftsrechts abweichende Regelungen treffen. Soweit eine Kollision zwischen der Stellung als Aufsichtsratsmitglied und der Wahrnehmung der Mitgliedschaftsrechte der kommunalrechtlich festgeschriebenen Weisungsrechte der Gemeinde besteht, wird das Kommunalverfassungsrecht von dem Gesellschaftsrecht überlagert[3].

An einem Beispiel einer Stadt in Nordrhein-Westfalen soll aufgezeigt werden, dass auch der umgekehrte Weg von einer Gesellschaft mit beschränkter Haftung zu einem Eigenbetrieb angedacht werden kann. Aufgrund der steuerrechtlichen Entwicklung waren die Gemeinden in den letzten Jahren bestrebt, Gesellschaftsformen zu entwickeln, die die steuerliche Belastung der wirtschaftlichen Unternehmen möglichst niedrig halten. Die Gewinne und Verluste der gewinnbringenden und defizitären Unternehmen sollen saldiert werden, um für die Gemeinde neben Synergieeffekten eine Steuerminderung zu erreichen.

Bei der Bäder GmbH, eine 100-prozentige städtische Gesellschaft, wird es Mitte des Jahres 2004 Liquiditätsprobleme geben. Der Verlust der Bäder GmbH betrug in den vergangenen Haushaltsjahren jährlich ca. eine halbe Million Euro. Da die Gesellschaft Miteigentümerin der Stadtwerke AG ist und immerhin 46 Prozent der Aktien hält, ist mit den wirtschaftlichen Sorgen der Bäder GmbH auch die Existenz des stadteigenen Gas-, Wasser- und Stromversorgungsbetriebes gefährdet. Im Falle der Insolvenz würde das Aktienpaket nämlich zur Disposition stehen. Interessierte Unternehmen aus der Energiebranche stehen bereits zur Übernahme bereit.

Aus steuerlicher Sicht hat die Bäder GmbH keine Existenzberechtigung mehr. Vor der Steuerreform war es möglich, dass Gewinne der Stadtwerke AG mit Verlusten der Bäder GmbH verrechnet werden konnten (Leg-ein-hol-zurück-Verfahren). Da dies seit dem vergangenen Jahr nicht mehr statthaft ist, lebt die Gesellschaft von der

---
[1] Vgl. GRIMBERG, ÖBWL 2004, S. 28
[2] Vgl. GEMEINDEPRÜFUNGSANSTALT BADEN-WÜRTTEMBERG 2003
[3] Vgl. WIEGAND/GRIMBERG 2003, S. 818

Substanz, das Eigenkapital wird peu à peu verzehrt. Ohne einen städtischen Zuschuss in Höhe von mindestens 400 000 Euro im Jahr 2004, den die Stadt nicht aufbringen kann, wird die Bäder GmbH im Sommer zahlungsunfähig sein.

Um eine Übernahme fremder Energieunternehmen zu verhindern, hat eine Fraktion des Stadtrates folgendes Konzept entwickelt: Die Stadtwerke AG soll alle Grundstücke und Anlagen der Bäder GmbH erwerben. Die Stadt soll den Bäderbetrieb wieder übernehmen und einen Eigenbetrieb gründen. Der Eigenbetrieb und die Stadtwerke AG schließen dann einen Pacht- und Betriebsführungsvertrag über das Bad zu angemessenen Konditionen ab. Damit könnte die Bäder GmbH ihre Kreditverbindlichkeiten in Höhe des Kaufpreises ablösen. Das Aktienpaket, das die Stadt einst in die Bäder GmbH eingelegt hat, würde somit vor fremdem Zugriff geschützt. Das Sondervermögen des Eigenbetriebes soll dann das Aktienpaket der Stadtwerke AG halten[1].

3.2.4 GmbH & Co KG

Die Rechtsform der GmbH & Co KG verbindet Wesenselemente von Personengesellschaft und Kapitalgesellschaft mitgliedschaftlich. Diese Gesellschaftsform ist eine Kommanditgesellschaft, an der eine Gesellschaft mit beschränkter Haftung als regelmäßig einziger persönlich haftender Gesellschafter beteiligt ist. Neben dem Gesellschaftsvermögen der Kommanditgesellschaft haftet den Gesellschaftsgläubigern nur die Gesellschaft mit beschränkter Haftung als Komplementär unbeschränkt persönlich. Die Haftung der Kommanditisten ist auf ihre Hafteinlagen beschränkt. Die gesellschaftsrechtliche Mischform kann folglich grundsätzlich für die Gemeinde in Betracht gezogen werden, sofern sich deren Beteiligung auf die Komplementär-GmbH beschränkt. In einem solchen Fall sind die faktischen Auswirkungen der Haftung für Gesellschaftsschulden vergleichbar der Situation, dass die Gemeinde eine isolierte Gesellschaft mit beschränkter Haftung als Organisationsform in Aussicht nimmt[2].

Ein Beispiel für die Herauslösung des gemeindlichen Aufgabenbereiches Sport aus der Stadtverwaltung und Überführung in eine GmbH & Co KG ist die „Göttinger Sport und Freizeit GmbH & Co KG" als Tochtergesellschaft der Stadt Göttingen. Diese Gesellschaft betreibt seit 2001 eigene Sport-, Freizeit- und Bäderanlagen. Darüber hinaus hat die Gesellschaft im Rahmen eines mit der Stadt Göttingen abgeschlossenen Betriebsführungsvertrages zum 01.01.2004 auch die Betriebsführung für sämtliche städtischen Sportanlagen übernommen. Die Göttinger Sport und Freizeit GmbH & Co KG ist damit der verantwortliche und kompetente Ansprechpartner für alle Fragen zum Sport, zu den Sportstätten und zum Sportangebot in Göttingen. Partner dieser in dieser Gesellschaft sind u.a. die Stadtwerke, die Sparkasse, ein Energieversorgungsunternehmen und weitere privatrechtliche Unternehmen[3].

---

[1] Vgl. FRANCKE 2004
[2] Vgl. CRONAUGE/WESTERMANN 2003, S. 86
[3] Vgl. www.goettingen.de/freizeit/info/konzept2.htm

4 Public-Private-Partnership (PPP)

Der Begriff des Public-Private-Partnership ist nicht neu in deutschen Rathäusern und auch nicht die Idee, die dahinter steckt. Seit anderthalb Jahrzehnten schon denkt man angesichts des umfangreichen kommunalen Aufgabenspektrums vielerorts über Formen der Zusammenarbeit zwischen öffentlicher Hand und Privatwirtschaft nach. Doch erst seit dem dramatischen Einbruch der Gemeindefinanzen und den Deregulierungsmaßnahmen im europäischen Binnenmarkt avancierte hier zu Lande die Zauberformel PPP zu einem Faktum der Realpolitik.

In gleichem Maße aber wie die PPP-Befürworter in derartigen Projekten das Allheilmittel für ihre krisengeschüttelten Gebietskörperschaften sehen, werden solche Modelle von deren Gegnern als leichtfertige Preisgabe kommunaler Daseinsvorsorge verteufelt. Und beide haben sie Unrecht. Petra Roth, Frankfurts Oberbürgermeisterin und Präsidentin des Deutschen Städtetages, hat es auf den Punkt gebracht: "Das betriebswirtschaftliche Wissen des Unternehmers ergänzt die spezifischen Kenntnisse über die Bedürfnisse der Bürgerinnen und Bürger bei den städtischen Einrichtungen." Das Fehlen des betriebswirtschaftlichen Wissens aber ist fast immer auch Ursache für die Vorurteile gegenüber PPP-Projekten[1].

Public-Private-Partnership dient als Sammelbegriff für eine Vielzahl von unterschiedlichen Gestaltungen der Zusammenarbeit zwischen privater und öffentlicher, insbesondere kommunaler Seite zur Verwirklichung öffentlicher Zwecke. Hierbei wird zwischen vielfältigen Organisations-, Finanzierungs- und Kooperationsformen unterschieden. Bedeutung haben neben klassischen PPP-Modellen insbesondere Betreibermodelle, Leasinggestaltungen und Projektfinanzierungen[2].

Public-Private-Partnership kennzeichnet die Steuerung sowie Aufgabenerfüllung durch Kooperation öffentlicher und privater Institutionen aufgrund beidseitiger Zwecke und zur Erreichung gemeinsamer Ziele. Die Steuerung innerhalb des PPP ist auf die Kooperationspartner so verteilt, dass deren Identität und Verantwortung gewahrt bleibt. Die Koordinationsverantwortung für ein PPP wird dem Staat nicht gänzlich entzogen. Über die Initiation, Moderation oder Rahmenfestsetzung durch den Staat wird gewährleistet, dass sich ein PPP nicht zuungunsten des öffentlichen Sektors auswirkt. Dies geschieht durch eine zumindest informelle, im Normalfall jedoch vertragliche Formalisierung der Zusammenarbeit, welche die stärkste Bindung durch die Gründung einer neuen Gesellschaft mit staatlicher und privater Beteiligung erreicht. Im Unterschied zur Privatisierung oder zu Formen des Contracting Out bedingt die Zielkomplementarität, dass der privatwirtschaftliche Kooperationspartner neben dem reinen Gewinninteresse auch an der Erbringung der Leistung selbst interessiert ist. Gleichzeitig resultieren aus einem PPP beidseitige Synergievorteile, deren Niveau durch alleinige Aufgabenwahrnehmung nicht erreicht werden kann[3].

Public-Private-Partnership ist ein vergleichsweise neues Verfahren, um Bürger und Unternehmer des zivilen Teils unserer Gesellschaft mit Vertretern aus Politik und Verwaltung in einer organisierten Form dann zusammen zu bringen, wenn Politik und Verwaltung manche ihrer hoheitlichen Aufgaben aus welchen Gründen auch immer nicht mehr erfüllen können. Leere öffentliche Kassen sind stets Ansatzpunkt und

---

[1] Vgl. www.welt.de/data/2004/01/06/219439.html
[2] Vgl. www.duefinance.de/ppp/
[3] Vgl. EICHHORN/FRIEDRICH/JANN/OECHSLER/PÜTTNER/REINERMANN 2002, S. 858

Nährboden für PPP-Projekte. Private Einrichtungen, oder Einzelpersonen, können gegebenenfalls in die Bresche springen, um im Verein mit dem handicapierten Hoheitsträger die Aufgaben zu erfüllen: das ist, vom Prinzip her, "Public Private Partnership", PPP also.

Kernpunkt von Bauprojekten, die auf der Grundlage von PPP's vorangetrieben werden, ist die neue Funktion des öffentlichen Bauherrn. Er ist nicht mehr vollständig "Herr des Verfahrens", sondern Partner einer Gemeinschaft Gleichgesinnter, in der sein Part darin liegt, die Leistungserfüllung zu definieren, sie in einer neuen Form auszuschreiben und sie zu überwachen und zu kontrollieren. Er mutiert demnach vom Beschaffer zum Nutzer. Aufgabe des privaten Partners ist es hingegen, eine gebäudetechnische Anlage, gar eine vollständige Immobilie, bereit zu stellen, ihren reibungslosen Betrieb zu gewährleisten, zum Teil mit erweiterten Serviceleistungen für den öffentlichen Nutzer, bis hin zu einer Betreuung über den gesamten Lebenszyklus der Immobilie. Für diese seine Dienste erhält er ein Entgelt, durch das seine Aufwendungen sowie seine kalkulatorischen Kosten refinanziert werden.

Typische Anwendungsfelder für PPP-Projekte, die durchaus mit Erfolg bereits abgewickelt wurden, sind neben Krankenhäusern, Altersheimen, Rathäusern, Museen, Schulen, Polizeigebäuden und Gefängnissen auch Sportstätten. So wird z.B. das Freizeitbad "Atlantis" in Neu-Ulm von einem öffentlich-privaten Unternehmen gesteuert.

Gutachter kamen bei der Auswertung von untersuchten rund 100 PPP-Projekten in der Bundesrepublik zu folgenden Einsichten:

- die Ausschreibungsergebnisse lagen bzgl. der Baukosten um durchschnittlich 20 Prozent (zwischen 0,7 und 48 %) unter den konventionell ermittelten Planungsdaten. Sie bezeichneten diese Beobachtung als "Effizienzgewinn";

- PPP-Projekte führen zu einem hohen Maß an Baukostensicherheit. Selbst unter Berücksichtigung von Nachträgen auf Grund von Änderungswünschen der Nutzer hätten die abgerechneten Baukosten im Schnitt um 10 % unter den Planungsdaten gelegen, womit gleichartige internationale Studien bestätigt worden seien;

- im Vergleich zu Bauzeitenplanungen für konventionelle Verfahren seien die Projekte 6 bis 12 Monate früher, in jedem Fall termingerecht, übergeben worden;

- PPP-Projekte würden einen Know-how-Austausch zwischen öffentlichem und privatem Sektor ermöglichen und in der Folge Modernisierungs-Impulse sowohl für die beteiligten Verwaltungen als auch die beauftragten Unternehmen erzeugen;

- und schließlich, auf den ersten Blick nicht ohne weiteres einsehbar: PPP sei ein Aufgabenfeld für den Mittelstand. In mehr als zwei Dritteln aller Fälle seien mittelständische Unternehmen unmittelbar beauftragt worden. Soweit Lebenszyklus-Ansätze künftig benutzt würden, könnten mittelständische Unternehmen durch die Bildung von Konsortien und Bietergemeinschaften ihr Know-how in die Waagschale werfen[1].

---
[1] Vgl. www.bhks.de/bnth/1103.htm

5 Fazit

Wie sich zeigt, gibt es sehr unterschiedliche Möglichkeiten der Organisations- und Rechtsformen des privaten und öffentlichen Rechts für die Organisationsstrukturen kommunaler Sportstätten. Jede einzelne Stadt und Gemeinde muss sich die Vorteile und Nachteile der einzelnen Modelle anschauen und dann überlegen, was auf die eigene Kommune am besten passt und was beim Bürger ankommt. Eine Pauschallösung, das vielfach gewünschte Patentrezept, gibt es leider nicht.

Bei allen Überlegungen bezüglich der möglichen Organisations- oder Rechtsform sollte aber immer der Sport im Vordergrund stehen. Denn der Sport ist ein unverzichtbarer Teil des kulturellen und sozialen Lebens einer Kommune, er steigert Lebensqualität, Gesundheit und Wohlbefinden der Einwohner.

Literaturverzeichnis

CRONAUGE, Ulrich und Georg WESTERMANN: Kommunale Unternehmen, 4. Auflage; Berlin 2003

EICHHORN, Peter, FRIEDRICH, Peter, OECHSLER, Walter, PÜTTNER, Günter und Heinrich REINERMANN: Verwaltungslexikon, 3. Auflage, Baden-Baden 2002

FRANCKE: Der Bäder GmbH droht die Insolvenz, Bonn 2004, www.gerneral-anzeiger-bonn.de/index_frameset.html?/news/artikel.php?id=70679

GEMEINDEPRÜFUNGSANSTALT BADEN-WÜRTTEMBERG: Geschäftsbericht 2003 Bringt die Ausgliederung öffentlicher Einrichtungen in Eigenbetriebe Vorteile? www.gpabw.de/gbericht/ausgliederung_oeffentlicher_einrichtungen.htm

GRIMBERG, Michael: Gesetz über die kommunalen Anstalten des öffentlichen Rechts in Sachsen-Anhalt, apf Stuttgart 2001

GRIMBERG, Michael: Öffentliche Betriebswirtschaftslehre: Buchführungssysteme, Wirtschaftsplan, Kostenrechnung, 3. Auflage; Ostbevern 2004

GRIMBERG, Michael, BERNHARDT, Horst, SCHÜNEMANN, Heinz und Rainer SCHWINGELER: Kommunales Haushaltsrecht Sachsen-Anhalt, 3. Auflage; Witten 2002

HEINHOLD, Michael: Unternehmensbesteuerung, Band 1 Rechtsformwahl, Stuttgart 1996

KOMMUNALE SPORTFÖRDERUNG IN BADEN-WÜRTTEMBERG: Auswertung einer Umfrage im Auftrag der Arbeitsgemeinschaft Kommunaler Sportämter / Arbeitsgemeinschaft Deutscher Sportämter (Landesgruppe Baden-Württemberg), www.kooperative-planung.de/download/sportfoerderung.pdf

MITTEILUNGEN des Städte- und Gemeindebundes Nordrhein-Westfalen

SPORTSTÄTTENSTATISTIK DER LÄNDER: www.senbjs.berlin.de/sport/sportpolitik/sportstaettenstatistik/sportstaettenstatistik.pdf

WIEGAND, Bernd und Michael GRIMBERG: Gemeindeordnung Sachsen-Anhalt, Kommentar, 3. Auflage; München 2003

Matthias Knödler und Christian Wöste

Zwischen Konkurrenz und Kooperation. Mit der Doppik im interkommunalen Leistungsvergleich zu neuen Ufern?

Gliederung

1 Reformansätze zur transparenteren Steuerung öffentlicher Haushalte

2 Benchmarking als wettbewerbsorientierte Managementmethode

3 Vergleichsringe als „Best Practice" für öffentliche Verwaltungen

4 Kennzahlengestützte Leistungsmessung als Grundlage von Leistungsvergleichen

5 Entwicklungsbestimmende Vergleichsringe in der deutschen Kommunallandschaft

6 Der neue kommunale Haushalt als Basisinstrument für standardisierte Leistungsvergleiche

7 Fazit und Ausblick

1 Reformansätze zur transparenteren Steuerung öffentlicher Haushalte

Der anhaltende finanzielle Druck auf die öffentlichen Haushalte bei gleichzeitiger Forderung einer höheren Qualität in der Aufgabenerfüllung hat in den deutschen Verwaltungen eine Vielzahl von Reformprojekten etabliert.

Die bestimmenden Schlagworte sind hierbei Bürgerorientierung, Transparenz und Wirtschaftlichkeit. Konzeptionelle Grundlage dieser Reformansätze ist nach wie vor das Anfang der neunziger Jahre von der Kommunalen Gemeinschaftsstelle (KGSt) initiierte „Neue Steuerungsmodell" (NSM), das auf der Basis des angloamerikanischen „New Public Management" (NPM) entwickelt wurde.

Das NSM beschreibt ein Leitbild moderner Verwaltung, das von Zielorientierung, Wirtschaftlichkeit und Orientierung am Markt, Wettbewerb und Kundenorientierung beherrscht ist.[1] Als zentrale Instrumente zur Umsetzung dieser Ziele fungieren vor allem Kontraktmanagement, dezentrale Ergebnis- und Ressourcenverantwortung, Produkthaushalte, Budgetierung und Kosten- und Leistungsrechnung sowie in jüngster Zeit das neue doppische Haushalts- und Rechnungswesen.

---
[1] Vgl. BALS/ HACK 2000, S. 163.

Aktuelle Studien belegen den vor allem in großen Verwaltungseinheiten fortgeschrittenen Umsetzungsstand der Reformvorhaben, verweisen jedoch auch auf Fehlentwicklungen und Korrekturbedarfe. So steht vielfach dem hohen Aufwand für die Einführung und Pflege der einschlägigen Instrumente noch kein ausreichender Nutzen gegenüber. Die Ursachen hierfür liegen oftmals in einer fehlenden systematischen Verbindung einzelner Instrumente – z. B. müssen Kontraktmanagement, Outputorientierung, Budgetierung und die Kosten- und Leistungsrechnung als Ganzes gesehen werden.

Die isoliert gebildeten Produktpläne sind häufig überdimensioniert und ein Ergebnis des bürokratischen Regelungseifers in Verwaltungen.[1] Auch die vielfach auf Vollkostenbasis eingeführten Kostenrechnungssysteme tragen noch nicht zum Abbau von Steuerungsdefiziten bei, weil diese meist zu komplex strukturiert sind und überwiegend kein standardisiertes Berichtswesen installiert ist.[2] Als eine weitere wichtige Rolle der Kostenrechnung in Kommunen verweist die KGSt in einer Studie aus dem Jahr 2001 auf das Aufzeigen von Kostentreibern sowie das Offenlegen von Verbesserungspotentialen durch einen kritischen Vergleich mit anderen Kommunen.

Aber nur 6 v.H. aller im Rahmen der Studie befragten Kommunen führen einen interkommunalen Leistungsvergleich regelmäßig durch.[3]

Auf Grund der auf breiter Ebene als notwendig angesehenen verbesserten Transparenz kommunaler Haushalte stellt sich erneut die Frage, ob ein interkommunaler Vergleich möglich und sinnvoll ist. Mit der Frage, ob und unter welchen Voraussetzungen diese in der Privatwirtschaft bewährte Methode auch in der kommunalen Haushaltswirtschaft wieder erfolgreich zum Einsatz kommen kann, werden sich die folgenden Ausführungen beschäftigen. Untersucht werden in diesem Zusammenhang die aktuellen Ansätze zum Benchmarking in der kommunalen Praxis – insbesondere hinsichtlich möglicher zukünftiger Potenziale durch die Einführung des neuen kommunalen Haushalts- und Rechnungswesens.

2 Benchmarking als wettbewerbsorientierte Managementmethode

2.1 Benchmarking

Das Benchmarking – ein durchaus schillernder Begriff im Wirtschaftsleben – hat sich als Managementmethodik etabliert:

„Benchmarking ist ein kontinuierlicher Prozess, bei dem Produkte, Dienstleistungen und insbesondere Prozesse und Methoden betrieblicher Funktionen über mehrere Unternehmen hinweg verglichen werden. Dabei sollen die Unterschiede zu anderen Unternehmen offengelegt, die Ursachen für Unterschiede und Möglichkeiten zur Verbesserung aufgezeigt sowie wettbewerbsorientierte Zielvorgaben ermittelt

---

[1] Vgl. REICHARD 1998, S.85.
[2] Vgl. KGSt 2001, S. 9.
[3] Vgl. KGSt 2001, S.12.

werden. Der Vergleich findet dabei mit Unternehmen statt, die die zu untersuchende Methode oder den Prozess hervorragend beherrschen."[1]

Das Instrument des Benchmarking ist nicht völlig neuartig sondern bedient sich vorhandener Managementwerkzeuge bzw. ist in sie integriert. Beispiele sind Kennzahlen, Konkurrenzanalyse, Wettbewerbsstrategien oder Balanced Scorecard. Explizit wurde Benchmarking vom amerikanischen Kopiergerätehersteller Xerox im Jahre 1979 entwickelt und erstmals eingesetzt. Zielsetzung von Xerox war es, an Hand eines Vergleiches mit anderen Produktionsunternehmen des gleichen Metiers den eigenen Herstellungsprozess zu analysieren und zu verbessern. Später setzte Xerox dieses Instrument auch in anderen Unternehmensbereichen ein und entwickelte es planmäßig weiter. Auch andere Unternehmen schlossen sich diesem Weg an.[2]

Die Kennzahlen des Benchmarking sind aber nicht nur auf Kostengrößen beschränkt sondern beziehen auch Faktoren wie Zeit, Qualität und Kundenzufriedenheit mit ein. Hauptziel des Benchmarking-Prozesses ist die Ermittlung der Leistungslücke zwischen der eigenen Organisation und den Benchmarking-Partnern. Das Benchmarking soll im idealtypischen Fall den jeweils „Klassenbesten" berücksichtigen und damit einen dauerhaften, systematischen Lernprozess in der eigenen Organisation verankern.[3]

„Benchmarking lebt vom Blick auf die Erfolgreichen, von der Orientierung an ihren Prinzipien."[4]

Hauptbestandteil des Benchmarking ist also insbesondere die methodische Identifikation von Bestlösungen innerhalb einer Branche oder auch im gesamten nationalen bzw. internationalen Umfeld. Daraus leitet sich eine konsequente Orientierung an diesen Bestlösungen in Form eines kontinuierlichen Verbesserungsprozesses ab. Dafür stehen alle Möglichkeiten der Recherche und von Quellenauswertungen zur Verfügung. Pieske sieht dies teilweise anders, indem er der Auffassung ist, dass es – ohne den kontinuierlichen Versbesserungsprozess nach Kaizen abwerten zu möchten – sich hier nur um kleinere Veränderungen im bestehenden Rahmen handelt. Er sieht das Ziel des Benchmarking vielmehr darin, qualitative und quantitative Verbesserungen in Form von Quantensprüngen wie z. B. die Halbierung der Durchlaufzeit von Prozessen und/oder der signifikanten Kostenverringerung zu entwickeln und umzusetzen.[5]

Für Unternehmen der Privatwirtschaft könnte diese Zielsetzung sicherlich Priorität haben und erreichbar sein. Für Kommunalverwaltungen wäre diese Form der Optimierung sicherlich auch wünschenswert – aber wohl kaum zu erreichen sein. Sicherlich sind in den vergangenen Jahren zahlreiche und vielfältige Modernisierungserfolge auf breiter Ebene gelungen. Aber viele Kommunen werden auch durch die seit längerem andauernde, schlechte konjunkturelle Lage beispielsweise durch immens hohe Sozialausgaben überfordert, ohne dass sie diesbezüglich in erster Linie in der Verantwortung stehen und Fehlentwicklungen korrigieren können. Trotz-

---

[1] HORVATH/HERTER 1992, S. 5.
[2] Vgl. SIMON/VON DER GATHEN 2002, S. 203.
[3] Vgl. SCHUSTER 2003, S.99.
[4] RAU 1996, S. 32.
[5] Vgl. PIESKE 1995, S. 22.

dem stehen die Kommunen in der Pflicht, das von ihr zu beeinflussende qualitative und wirtschaftliche Potenzial zu erkennen und zu nutzen, um Verbesserungen zu initiieren. Auch wenn dies keine Quantensprünge sein können, muss es darum gehen, konsequent Notwendigkeiten, Probleme sowie deren Lösungen zu identifizieren, die von Politik und Verwaltung mit vereinten Kräften umgesetzt werden. Das Benchmarking kann dabei ein Lösungsansatz sein.

Grundsätzlich besteht das Benchmarking aus zwei wesentlichen Elementen, die beide auch für die Verwaltung von großer Bedeutung sind: Das Vergleichen, um qualitative und wirtschaftliche Schwächen ohne Markt aufdecken zu können sowie das Lernen als Teil des Qualitätsmanagements der einzelnen Verwaltung. Der Vergleichsprozess ist Bestandteil eines umfassenden Konzeptes, das organisatorisches Lernen systematisch fördern soll, um die eigene Leistungserbringung effektiver und effizienter zu gestalten.[1]

Somit ist das Benchmarking nicht auf das Element des Vergleichens zu reduzieren – vielmehr kommt es darauf an, die gewonnenen Erkenntnisse im eigenen System zu implementieren und zu nutzen.

Die folgenden drei Merkmale sind charakteristisch für den Benchmark-Ansatz:

- Nicht der Vergleich mit dem Branchendurchschnitt zählt, sondern der Vergleich mit den Besten.

- Benchmarking ist auch branchenübergreifend, so dass branchenübergreifend gezielt die Besten gesucht und deren Erfolgsfaktoren analysiert werden.

- Sind die identifizierten Erfolgsfaktoren und -strategien (evtl. modifiziert) übertragbar, werden sie in der eigenen Institution implementiert.[2]

Für die Kommunalverwaltung würde dies bedeuten, dass:

- Nicht jeder beliebige Vergleichspartner herangezogen werden sollte, sondern nur diejenigen, die in Bezug auf das zu vergleichende Objekt (klassischerweise das Produkt) nachweislich führend sind.

- Auch branchenübergreifend die Besten gesucht werden, um branchenübergreifend Erfolgsfaktoren zu analysieren.

- Identifizierte Erfolgsfaktoren und -strategien – evtl. in angepasster Form – implementiert werden, sofern sie als übertragbar und geeignet angesehen werden.

---

[1] Vgl. SCHEDLER/PROELLER 2003, S. 169f.
[2] Vgl. SIMON/VON DER GATHEN 2002, S. 204.

2.2 Wettbewerb in der Kommunalverwaltung

Der Himmel ist blau und die Verwaltung ist ein Monopol.[1]

Dieser Satz hat in der jüngeren Vergangenheit sicherlich an Substanz verloren, denn Wettbewerb und Marktmechanismen haben im öffentlichen Sektor längst Einzug erhalten: Neben der Liberalisierung der großen Staatsmonopole wie Post, Bahn und Telekommunikation und weiterer Monopole wie die Ver- und Entsorgungswirtschaft haben auch Kommunalverwaltungen Wettbewerbselemente und -mechanismen etabliert – Contracting Out, Outsourcing etc. sind keine Unbekannten mehr.

Nichtsdestotrotz ist die obige Aussage wohl immer noch haltbar, wenn es um die hoheitliche Aufgabenerfüllung der Kommunalverwaltung geht.

Eine hervorstechende Forderung des New Public Management (NPM) bzw. des Neuen Steuerungsmodells (NSM) auf nationaler Ebene ist daher die Anwendung von Marktmechanismen in der öffentlichen Verwaltung. Hinter diesem Anspruch verbirgt sich letztlich die Grundhaltung, dass der Markt besser in der Lage sei, eine zielorientierte und wirtschaftliche Leistungserstellung zu bewirken als Regulierungen in Form von Normierungen.[2]

Die KGSt charakterisiert den Wettbewerb folgendermaßen: Er gibt den kommunalen Entscheidungsträgern Vergleichsmöglichkeiten, zwingt den Anbieter, seine Leistungen ständig zu optimieren und bewirkt so eine Lebendigkeit des Handelns.[3]

Darüber hinaus soll durch die Einführung und Etablierung von Wettbewerb und marktorientierten Mechanismen zusätzlich zu den binnenstrukturellen Maßnahmen (Dezentralisierung, Budgetierung, Neues Kommunales Rechnungswesen etc.) eine Erhöhung von Effizienz, Produktivität und Flexibilität in der öffentlichen Leistungserbringung erreicht werden. Darüber hinaus verspricht man sich ein transparenteres Verwaltungshandeln, das zu verbesserten Kontrollmechanismen führt. Generell formuliert besteht die Absicht, mit dem Instrument des Wettbewerbs bzw. mit marktorientierten Rahmenbedingungen die Wirkung der implementierten binnenstrukturellen Maßnahmen zu erhöhen.[4]

Anders ausgedrückt kann man den Wettbewerb auch als Katalysator des NSM bezeichnen, so dass die Instrumente des NSM erst unter Wettbewerbsbedingungen ihre volle Wirkung entfalten: Wettbewerb und Nutzerorientierung sind die externen Motoren der Verwaltungsmodernisierung, die allein durch binnenorganisatorische Veränderungen nicht weiter forciert werden kann.

Aber was für die Leistungsverwaltung vergleichsweise einfach ist, stellt sich für die Hoheitsverwaltung umso schwieriger dar. Für die zahlreichen hoheitlichen Leistungen der öffentlichen Verwaltung, die zum Kernbereich der staatlichen Tätigkeit gehören, existiert kein Markt. Das Fehlen eines Wettbewerbs bzw. Marktes führt dazu, dass Aspekte wie Preisgestaltung, Kundenzufriedenheit, Produktqualität etc. wenig transparent sind. Das Nichtvorhandensein eines Marktes führt gleichzeitig dazu, dass

---

[1] Vgl. OSBORNE/GAEBLER 1997, S. 83.
[2] Vgl. SCHEDLER/PROELLER 2003, S. 163.
[3] Vgl. KGSt 1996, S. 11.
[4] Vgl. SCHEDLER/PROELLER 2003, S. 163.

ein Handlungszwang bei Schlechtleistung nicht gegeben ist. Wie in der Privatwirtschaft führen monopolistische Strukturen somit tendenziell zu schlechter Qualität und hohen Preisen.

Die Kernfrage, wie Wettbewerb in der Hoheitsverwaltung gestaltet und organisiert werden muss, um einerseits eine bürgerorientierte Leistungserfüllung zu gewährleisten und andererseits eine höchstmögliche Kostenwirtschaftlichkeit zu erreichen, bleibt.[1]

Auf Grund ihrer Charakteristik werden hoheitliche Leistungen wohl nur dem sog. nicht-marktlichen Wettbewerb ausgesetzt werden können. Bei dieser Wettbewerbsform besteht kein echter Markt. Daher wird versucht, Instrumente einzusetzen, die ähnliche Wirkungen wie der direkte Wettbewerb von vielen Anbietern zeigen. Die einschlägigen Instrumente wie Interne Leistungsverrechnungen, Leistungsvergleich, Preiswettbewerb und Benchmarking zielen darauf ab, durch Transparenz und Vergleiche einen Anreiz zur Aufdeckung und Behebung von Ineffizienz zu schaffen.[2]

2.3 Formen von Wettbewerb bei Kommunen

Kommunen bieten ihre Produkte und Dienstleistungen generell nicht zu Marktpreisen an. Nur in einigen Bereichen ist auch bei den öffentlichen Leistungen ein Markt vorhanden. Konkurrenz und Wettbewerb findet im Kommunalbereich dennoch in unterschiedlichen Ausprägungen statt:

- Kommunen befinden sich in Bezug auf die Ansiedlung von Unternehmensinvestitionen im **Standortwettbewerb**. Auch Käufer und Touristen, die attraktive Produkte und touristische Angebote suchen, ziehen das wirtschaftliche Interesse von Kommunen auf sich und tragen somit zur wirtschaftlichen Prosperität bei.
- **Marktwettbewerb:** Leistungen werden nicht selbst erbracht, sondern an Dritte vergeben (z. B. Reinigung von Verwaltungsgebäuden).
- Bei der **Ausschreibung** kommunaler Leistungen (z. B. im Hoch- und Tiefbau) werden bewusst Vorteile des Wettbewerbs genutzt, um das beste Preis-Leistungsverhältnis zu erzielen.
- **interkommunaler Wettbewerb:** Bei Leistungen, die von Kommunen selbst erstellt werden (z. B. Grünflächenunterhaltung), wird darauf geachtet, dass diese im Vergleich zu anderen Kommunen nicht teurer angeboten werden.[3]

Das nachfolgende Schaubild verdeutlicht die Intensität wesentlicher Wettbewerbsvarianten für den öffentlichen Bereich. Die Wettbewerbsintensität steigt mit der Beteiligung Externer. Die höchste Form des Wettbewerbs wird demnach bei der Ausschreibung mit Vergabezwang erzielt.

---

[1] Vgl. WEGENER 2002, S. 9.
[2] Vgl. SCHEDLER/PROELLER 2003, S. 166f.
[3] Vgl. HILBERTZ 2003, S. 11.

Abb. 1: Wettbewerbsvarianten und Wettbewerbsintensität

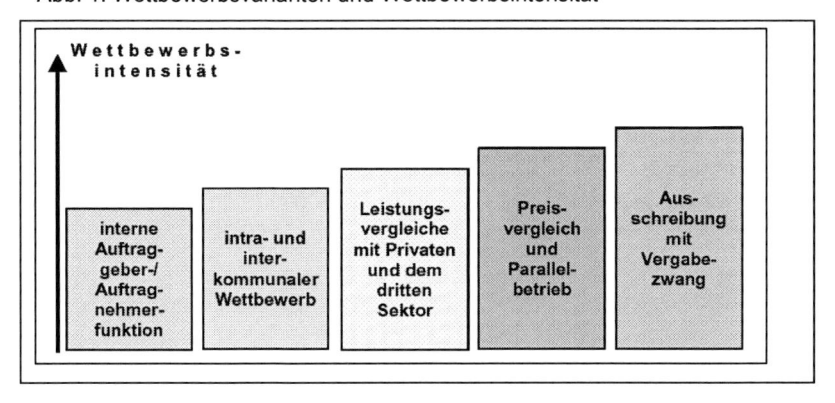

Wettbewerbsintensität

| interne Auftraggeber-/ Auftragnehmerfunktion | intra- und interkommunaler Wettbewerb | Leistungsvergleiche mit Privaten und dem dritten Sektor | Preisvergleich und Parallelbetrieb | Ausschreibung mit Vergabezwang |

Quelle: HILBERTZ 2003, S. 15

Die Schaffung von Wettbewerb ist kein originäres Ziel einer Modernisierung sondern lediglich ein Instrument, um eine umfassende Qualitätsorientierung und Veränderungsprozesse in der Verwaltung zu etablieren, denn Wettbewerb bringt eine externe Logik in die Verwaltung und erzwingt einen kontinuierlichen Wandel.[1]

Die Privatisierungswelle in den 90er-Jahren hat dies nicht berücksichtigt, denn die reine Frage nach der Erstellungsform – öffentlich oder privat – greift zu kurz. Es kann insgesamt nicht darum gehen, den Fokus der Betrachtungen auf die Wahl der Erstellungsform zu begrenzen, da sich die These, dass eine nicht-öffentliche Erstellungsform per se der öffentlichen überlegen ist, nicht aufrechterhalten lässt. Dies zeigen die Erfolge öffentlicher Anbieter im Wettbewerb – auch im internationalen Vergleich.[2]

Letztlich kommt es somit auf die Schaffung von Konkurrenzsituationen an, wodurch die Position des Benchmarking als nicht-marktlicher Wettbewerb für hoheitliche Leistungen gestärkt wird, auch wenn das Manko der fehlenden Konsequenzen bei Schlecht-Leistung weitgehend bleibt, da z. B. ein Ausscheiden aus dem Markt nicht erfolgen kann.

Trotzdem behält das Benchmarking von kommunalen Leistungen seinen Charme. Die Frage, welche Maßstäbe von Anderen gesetzt werden, warum sie qualitativ hochwertiger und/oder kostenwirtschaftlicher die identischen Leistungen erbringen können und ob und wie diese Best-practice-Lösungen sinnvoll adaptiert werden können, bleibt.

---

[1] Vgl. WEGENER 2002, S. 11.
[2] Vgl. WEGENER 2002, S. 180.

Die zukünftigen Herausforderungen sind somit:

- die Einsatzbedingungen sowie das Benchmarking selbst zu optimieren,
- das Benchmarking in den Kommunen individuell mit einer wirksamen Modernisierungsstrategie und einem entsprechenden Konzept zu vernetzen,
- die Schaffung eines Anreizsystems, um alle Beteiligten zu motivieren, nachhaltig die Stärken der Kommune zu erhöhen und Schwächen auszuschalten bzw. zu begrenzen.

Im Folgenden wird primär die Verbesserung der Voraussetzungen für die Implementierung von Benchmarking auf breiter Ebene sowie die Optimierung dieses Instruments behandelt.

3 Vergleichsringe als „Best Practice" für Kommunalverwaltungen

3.1 Begriffsabgrenzung

Nachdem bislang das Benchmarking als ein grundsätzliches Instrument zur Schaffung eines nicht-marktlichen Wettbewerbs betrachtet wurde, wird nun der Vergleichsring als derzeitig vorherrschende Form zur Umsetzung des Benchmarking - Gedankens in Deutschland näher beleuchtet.

Primäres Ziel des Vergleichsrings ist es, eigene Stärken und Schwächen zu erkennen sowie Verbesserungsmöglichkeiten zu finden und umzusetzen. Der Vergleichsring liefert Kommunen dabei ein objektives Kriterium für die Beurteilung des Ressourceneinsatzes, von Strukturen und Prozessen sowie der Bürgerorientierung. Damit verbunden ist eine gemeinsame, arbeitsteilige Entwicklung von Kennzahlen und operationalen Zielen.[1]

3.2 Arten von Vergleichsringen

3.2.1 Intrakommunaler Vergleich

Der intrakommunale Vergleich wertet Daten unterschiedlicher organisatorischer Einheiten innerhalb einer Kommune aus. Querschnittsvergleiche wie Mitarbeiter- und Kunden-/Bürgerzufriedenheit, Budgeteinhaltung, Inanspruchnahme gebäudewirtschaftlicher Leistungen usw. können dabei Gegenstand sein. Bei größeren Kommunen mit mehreren Außenstellen (z.B. Bezirksrathäusern), die gleiche Produkte und Dienstleistungen erbringen, kommen auch Vergleiche auf Fach- bzw. Produktebene

---

[1] ROTHGÄNGEL 1999, S. 71f.

in Betracht. Als Beispiele seien etwa das Einwohnermeldewesen, die Einrichtungen zur sozialen Sicherung oder das Kfz-Zulassungswesen genannt.[1]

3.2.2 Interkommunaler Vergleich

Beim interkommunalen Wettbewerb als einer Form des nicht – marktlichen Wettbewerbs, werden Kosten und/ oder Qualitätsmerkmale von erbrachten Leistungen verschiedener öffentlicher Einrichtungen einem standardisiertem Vergleich unterzogen. Dazu zählen sowohl einmalig oder periodisch stattfindende Auszeichnungswettbewerbe, als auch auf Dauer gerichtete Vergleichsprojekte, an denen sich Kommunen für einen längeren oder unbegrenzten Zeitraum beteiligen.
Beispiele für interkommunale Vergleichsringe in Deutschland sind die an späterer Stelle noch zu betrachtenden Wettbewerbsmodelle der KGSt und der Bertelsmann Stiftung.[2]

3.2.3 Vergleich mit Externen

Vergleiche mit Partnern außerhalb von Kommunen stellen ebenfalls ein geeignetes Mittel dar, Verbesserungsprozesse zu evaluieren. In diesem Zusammenhang werden geeignete Kennzahlenwerte verglichen. Meist sind dies Kostendaten, z.B. Stückkosten. Als Vergleichsbeispiele sollen an dieser Stelle genannt werden:[3]

- Soziale Einrichtungen der Stadt im Vergleich zu denen anderer Träger.
- Unterhaltung von Straßen, Grünanlagen und der Müllbeseitigung zu gewerblichen Anbietern.
- Hilfsbetriebe der Verwaltung, wie Kantine, Werkstatt im Vergleich zu privaten Anbietern.

Diese Vergleichsart kann insbesondere eine Orientierung über die Kostenstruktur vergleichbarer marktnaher Leistungen erbringen.

---

[1] Vgl. KGSt, 2001b, S. 43 f.
[2] Vgl. SCHUSTER 2003, S.74 f.
[3] Vgl. KGSt, 2001b, S. 47.

4 Kennzahlengestützte Leistungsmessung als Grundlage von Leistungsvergleichen

4.1 Begriffsbestimmung

Eine wesentliche Voraussetzung für die Durchführung von interkommunalen Leistungsvergleichen ist die Definition von standardisierten Parametern. Geeignete Parameter stellen die aus Wissenschaft und Unternehmenspraxis bekannten Kennzahlen bzw. Kennzahlensysteme dar. Weil ohne die Nutzung standardisierter Kennzahlen ein interkommunaler Leistungsvergleich kaum möglich erscheint, wird zunächst der Kennzahlenbegriff näher betrachtet.

In der Literatur kann keine einheitlich festgelegte Terminologie für den Kennzahlenbegriff identifiziert werden. Vielmehr werden Fachbegriffe wie Kennzahlen, Indikatoren, Kennziffern, Messgröße, Messzahlen, Performance Indicators und Maßgröße synonym verwendet.[1] Daher wird aus Gründen der Verständlichkeit durchgängig die Bezeichnung „Kennzahl" gewählt.

Kennzahlen sind numerische Messgrößen, die Sachverhalte in hoch konzentrierter quantitativ und qualitativ messbarer Form abbilden.[2] Das bedeutet, dass sie bewusst nur einen kleinen Ausschnitt komplexer Sachverhalte zahlenmäßig abbilden, um eine Verdichtung von Informationen zu schaffen. Sie bilden somit die Basis einer Entscheidungsfindung und können als wertvolle Bestandteile des Berichtswesens aufgestellt werden.[3]

Reichmann entnimmt dem Kennzahlenbegriff folgende drei Charakteristika:

- Quantifizierbarkeit,

- Informationscharakter sowie

- die spezifische Form der Informationen.[4]

Erstere ermöglicht relativ präzise Aussagen, indem Sachverhalte und Zusammenhänge auf einem metrischen Skalenniveau gemessen werden. Der Informationscharakter ist dadurch gekennzeichnet, dass Kennzahlen Urteile über wesentliche Tatbestände und Zusammenhänge innerhalb und außerhalb einer Organisation beschreiben. Letztendlich kann die Prägnanz und Verständlichkeit solcher Daten zusätzlich gefördert werden, indem komplizierte Erkenntnisse in relativ einfacher, leicht nachvollziehbarer Form dargestellt werden.

---

[1] Vgl. HORVATH & PARTNER 2001, S. 419.
[2] Vgl. HORVATH 1996, S. 544.
[3] Vgl. POOK/TEBBE 1999, S. 103 sowie HUMMEL 1995, S. 68.
[4] Vgl. REICHMANN 1993, S. 16.

4.2 Arten von Kennzahlen

Kennzahlen können in verschiedene Arten klassifiziert werden:

Abb. 2: Arten von Kennzahlen

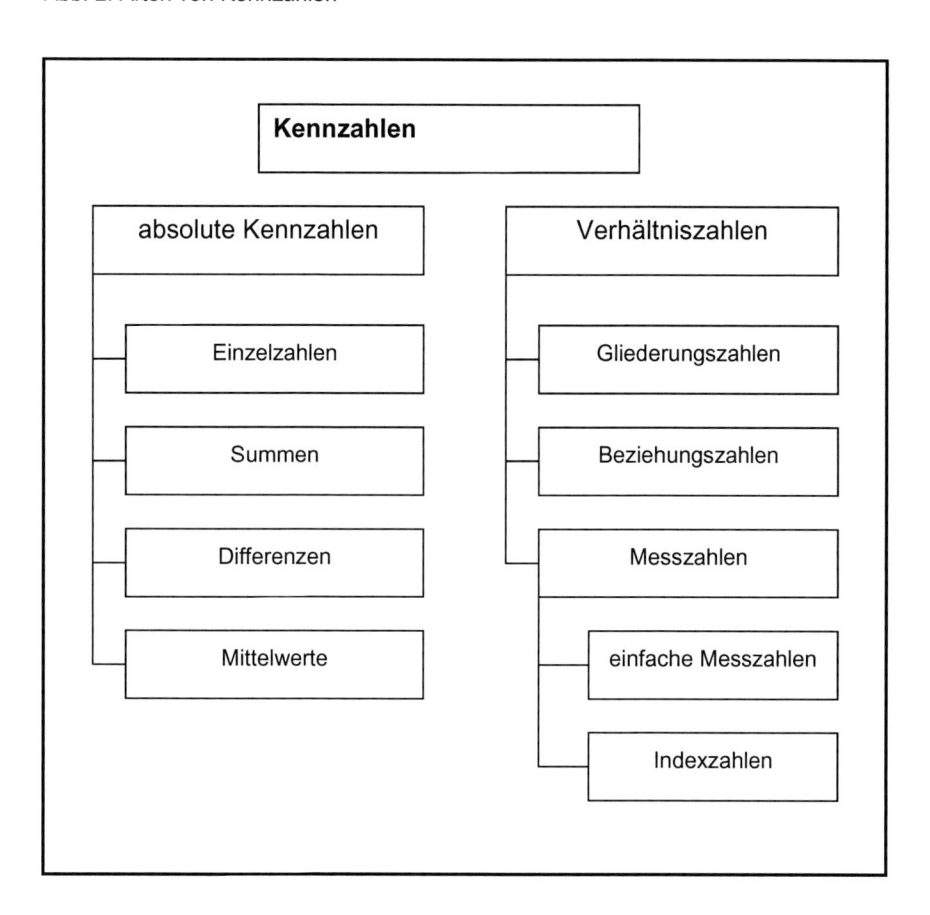

```
                        Kennzahlen
                       /          \
          absolute Kennzahlen    Verhältniszahlen
             |                      |
             ├── Einzelzahlen       ├── Gliederungszahlen
             ├── Summen             ├── Beziehungszahlen
             ├── Differenzen        ├── Messzahlen
             └── Mittelwerte        ├── einfache Messzahlen
                                    └── Indexzahlen
```

Quelle: SCHUSTER 2003, S.84.

Absolute Zahlen bzw. „Grundzahlen"[1] geben unmittelbar Auskunft über einen Tatbestand und können Einzelwerte wie Summen, Differenzen und Mittelwerte sein. Von einer Verhältniszahl spricht man, wenn mindestens zwei absolute Zahlen zueinander in Beziehung gesetzt werden.

Beziehungszahlen verwendet man, um zwei unterschiedliche Größen, die in einem sachlichen Zusammenhang stehen, zueinander in Beziehung zusetzen. Gliederungszahlen hingegen setzen eine Teilmenge zu einer gleichartigen Gesamtmenge in Beziehung und eignen sich daher besonders für die graphische Darstellung z.b. in einem Kreisdiagramm.[2] Indexzahlen spiegeln den Zusammenhang mehrerer sachlich zusammengehörender Reihen wieder (etwa Baukosten- oder Lebenshaltungsindex).

Hinsichtlich der Definition von Kennzahlen existiert – analog zum Kennzahlenbegriff in der Literatur – keine einheitliche Richtung. Während die Definition nach Schott der engeren Sichtweise folgt, nach der Kennzahlen „Verhältniskennzahlen mit betriebswirtschaftlich relevanter Aussage über betriebliche Fakten, Vorgänge, Entwicklungstendenzen, Ziele, Ergebnisse" sind (die absoluten Zahlen demnach also von den Kennzahlen ausgeschlossen werden), folgt Siegwart der deutlich weiter gefassten Bürkeler-Definition, welche „Kennzahlen als betrieblich relevante, numerische Informationen" sieht. In der Praxis ist diese in der Literatur diskutierte Abgrenzung jedoch nicht relevant, weil absolute Kennzahlen wie Gewinn, Umsatz oder Cashflow regelmäßig als aussagekräftige Kennzahlen Anwendung finden.[3]

---

[1] EHRMANN 2000, S. 51.
[2] Vgl. PROMBERGER 1995, S. 218.
[3] Vgl. SCHUSTER 2003, S.83 f.

4.3 Aufgaben von Kennzahlen in der Privatwirtschaft

Verschiedene Gründe veranlassen Unternehmen zur Anwendung von Kennzahlen. Die folgende Übersicht stellt die klassischen Managementfunktionen Analyse, Planung, Steuerung und Kontrolle heraus und verweist insbesondere im Teilaufgabenbereich der Analyse auf das Benchmarking.

Abb. 3: Aufgaben von Kennzahlen (angelehnt an Küpper 2001)

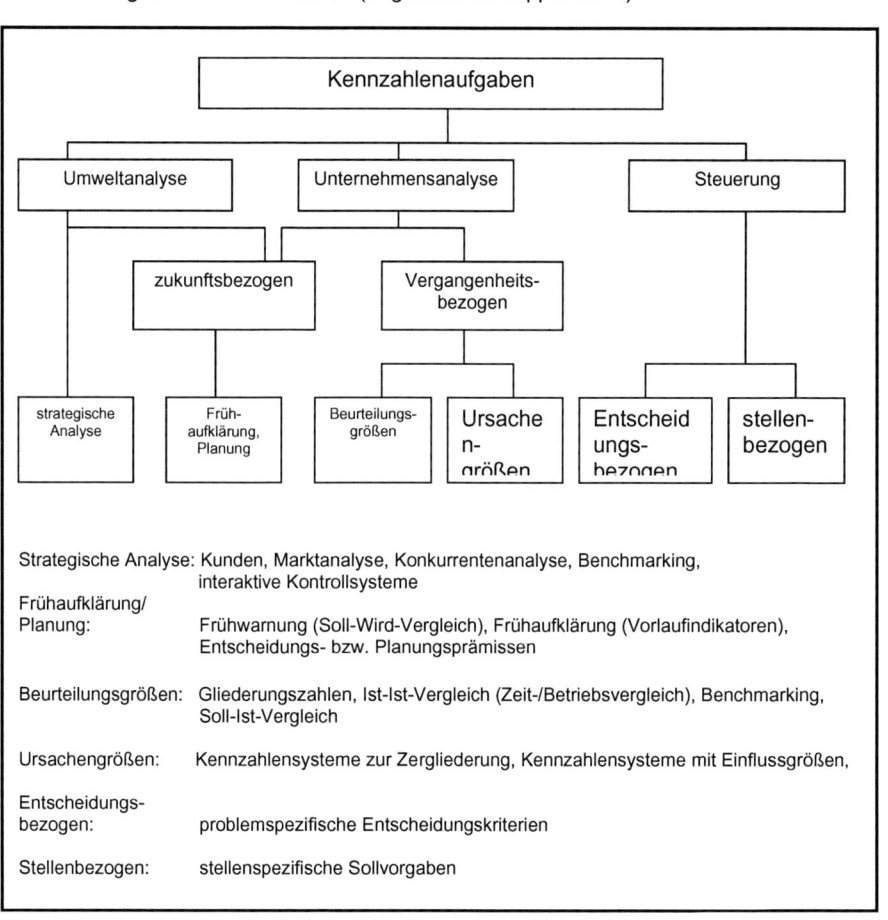

```
                          Kennzahlenaufgaben
                                 |
        ┌────────────────────────┼────────────────────────┐
   Umweltanalyse          Unternehmensanalyse          Steuerung
                                 |
                      ┌──────────┴──────────┐
                zukunftsbezogen      Vergangenheits-
                                        bezogen
                       |                   |
              ┌────────┴──┐          ┌─────┴─────┐      ┌──────────┬──────────┐
         strategische   Früh-     Beurteilungs-   Ursache-    Entscheid-   stellen-
          Analyse    aufklärung,    größen        n-          ungs-        bezogen
                     Planung                      größen      bezogen
```

Strategische Analyse: Kunden, Marktanalyse, Konkurrentenanalyse, Benchmarking, interaktive Kontrollsysteme

Frühaufklärung/
Planung: Frühwarnung (Soll-Wird-Vergleich), Frühaufklärung (Vorlaufindikatoren), Entscheidungs- bzw. Planungsprämissen

Beurteilungsgrößen: Gliederungszahlen, Ist-Ist-Vergleich (Zeit-/Betriebsvergleich), Benchmarking, Soll-Ist-Vergleich

Ursachengrößen: Kennzahlensysteme zur Zergliederung, Kennzahlensysteme mit Einflussgrößen,

Entscheidungs-
bezogen: problemspezifische Entscheidungskriterien

Stellenbezogen: stellenspezifische Sollvorgaben

Quelle: GLADEN 2003, S. 19.

4.4 Kennzahlen für die öffentliche Verwaltung

Mit der Reformbewegung des Neuen Steuerungsmodells haben in der kommunalen Praxis vor allem haushalts- und finanzwirtschaftliche Kennzahlen zur Leistungsmessung erheblich an Bedeutung gewonnen. Hierzu zählen sowohl absolute Zahlen, wie etwa Finanzierungssaldo, Nettokreditaufnahme, freie (Finanz-) Spitze, als auch Verhältniszahlen wie etwa Investitionsquote, die Schuldenquote oder die Pro-Kopf-Verschuldung.[1]

In der öffentlichen Verwaltung können Kennzahlen folgende Verwendungszwecke bzw. Funktionen haben:[2]

- Sparfunktion; Kennzahlen sind Grundlage für eine gezieltere Mittelzuweisung (Budgetierung),

- Managementfunktion; Kennzahlen bieten operative Steuerungsfunktionen für die Leistungserbringung (Controlling),

- Programmfunktion; Kennzahlen sollen Gesetze, d.h. Leistungsprogramme verbessern (strategisches Controlling),

- Legitimationsfunktion; Kennzahlen können das eigene handeln (vor der Öffentlichkeit, der Aufsichtsbehörde usw.) rechtfertigen,

- Motivationsfunktion; Kennzahlen stellen einen Ansporn zur Erbringung qualitativ guter (Dienst-) Leistungen bereit (Wettbewerbsfunktion), sowie

- „Büchsenöffnerfunktion"; Kennzahlen können den Blick in die Alltagspraxis des Verwaltungsvollzuges ermöglichen und damit als Einstieg in Qualitätsmanagement und Prozess-Reorganisation verwendet werden.

Kennzahlen sind im Neuen Steuerungsmodell elementarer Bestandteil des kommunalen Berichtswesens und der zu erstellenden Produktkataloge.

Die Steuerung über die Ergebnisse und Wirkungen des kommunalen Handelns (Output/Outcome) mittels Zielvereinbarung kann nur über Kennzahlen quantitativ und qualitativ bewertbar gemacht werden.

Während die Einbindung von Kennzahlen in dem kommunalen Haushaltssteuerungsprozess bisher eher sporadischer Natur war, wird der Haushalt im neuen kommunalen Rechnungswesen neben Produktinformationen auch Leistungsziele und Kennzahlen enthalten. Auf die damit erheblich verbesserten Potenziale des Benchmarkings in qualitativer und quantitativer Sicht, wird daher an späterer Stelle noch vertiefend eingegangen.

---

[1] Vgl. SCHUSTER 2003, S. 96.
[2] SCHUSTER 2003, S. 93.

5 Entwicklungsbestimmende Vergleichsringe in der deutschen Kommunallandschaft

5.1 Das IKO-Netz der KGSt

Das IKO-Netz der KGSt wurde im Oktober 1996 gegründet und bietet seit Anfang 1997 interkommunale Vergleichsringe an. Bei der Gründung setzte die KGSt auf folgende Zielstellungen:[1]

- Bundesweite Etablierung interkommunaler Leistungsvergleiche als Baustein des Neuen Steuerungsmodells für Kommunalverwaltungen,

- Entwicklung von überörtlichen einheitlichen Kennzahlensystemen für alle wesentlichen Leistungsbereiche,

- Integration der Kennzahlensysteme in das örtliche Steuerungssystem.

Ende 2003 waren im IKO-Netz 73 aktive Vergleichsringe in 29 Aufgabenfeldern vertreten. Darin sind insgesamt 729 Kommunen organisiert (mit Doppelteilnahmen).[2] Hauptthemengebiete sind dabei insbesondere Bauhof, Personalwesen, Gebäudewirtschaft und Kindertagesstätten. Mittel- und langfristig sollen diese Vergleiche nahezu alle kommunalen Handlungsfelder abdecken.

Inhaltlich begleitet werden die Vergleichsringe durch Referenten der KGSt sowie einem nebenamtlich arbeitenden Moderator. Die Datenbank IKON ermöglicht den Mitgliedern eine internetbasierte Auswertung der kennzahlengestützten Vergleichsringe. Alle Vergleichsringe sowie die dazugehörigen Kennzahlen orientieren sich an den nachstehenden Zielfeldern:[3]

- Bürger/innen,

- Prozesse und Strukturen,

- Ressourcen.

Das Zielfeld „Bürger/Kunden" bezieht sich dabei insbesondere auf die Zufriedenheit der Bürger mit den angebotenen Leistungen. Verbunden damit sind Fragestellungen, wie sich Kommunen den Anforderungen aus diesem Umfeld stellen können.

Beim Zielfeld „Prozesse und Strukturen" stehen Geschäftsprozesse zur Produkt- und Leistungserstellung im Mittelpunkt der Betrachtungen. Effizienzuntersuchungen, sowie die Definition und Messung von Erfolgsfaktoren (z. B. Schnelligkeit bei der Antragsbearbeitung, Fehlerfreiheit des Verwaltungshandelns, usw.) bilden dabei Schwerpunkte.

---

[1] Vgl. ROTHGÄNGEL 1999, S. 73
[2] Zahlen aus: KGSt INFO, 2004, S. 9
[3] KGSt 2004, S. 6 f .

Fragen zur Optimierung von Finanzmitteln zur Leistungserstellung, dem Personalbedarf und dem Einsatz von Anlagevermögen sind Gegenstand des dritten Zielfeldes „Ressourcen". Mitarbeiterzufriedenheit sowie die berufliche Weiterentwicklung für das Personal gehören ebenfalls dazu.

Der Erfahrungsaustausch zwischen Kommunen (70,2 v.H.) und die Anregung zu konkreten Verbesserungsvorschlägen (35,7 v.H.) stellen für Kommunen die größten Erfolgsfaktoren des IKO-Netzwerks dar.[1] Dies ergab eine Kundenbefragung bei den im IKO-Netz zusammen geschlossenen Kommunen.

5.2 Der Bertelsmann Vergleichsring

Der älteste deutsche Leistungsvergleichsring zwischen Kommunen wurde von der Bertelsmann-Stiftung in Zusammenarbeit mit dem Deutschen Beamtenbund initiiert und nahm 1991 seine Tätigkeit auf.

Grundannahme des Bertelsmann-Projektes ist, dass sich die als vorteilhaft bewerteten Wirkungen des Wettbewerbs aus der Erwerbswirtschaft in die Kommunalverwaltung übertragen lassen. Aufgrund der zu vernachlässigenden Nachfragewanderung bzw. des nicht möglichen Ausscheidens aus dem Markt, beruht das Wettbewerbskonzept der Bertelsmannstiftung auf folgenden Anreizfaktoren:

- Transparenz von Leistung,

- dem Bedürfnis nach Anerkennung,

- dem Ehrgeiz, „gut sein zu wollen",

- (öffentliche) Verantwortung für schlechte Leistungen.[2]

Im Projekt „Grundlagen einer leistungsfähigen Kommunalverwaltung" waren anfangs die westdeutsche Mittelstädte Castrop-Rauxel, Gütersloh, Ludwigsburg und Pforzheim beteiligt. Später folgten Unna und Böblingen sowie die ostdeutschen Städte Potsdam und Dessau mit Beobachterstatus.

Für die Auswahl der beteiligten Kommunen wurden bestimmte Kriterien definiert, die eine spätere Übertragbarkeit des Ansatzes sowohl in größere als auch in kleinere Kommunen erleichtern sollte.

Im Projekt wurden zur konkreten Messung des Zielerreichungsgrades mit Hilfe von Kennzahlen vier Zielfelder entwickelt:

- Erfüllung des spezifischen Leistungsauftrages,

- Kundengerechte Dienstleistung,

---

[1] Vgl. KORTE 2003, S. 55
[2] Vgl. HORVÀTH & RARTNER 2003, C 1.1 S.14

- Zufriedenheit der Mitarbeiter,

- Wirtschaftlicher Einsatz von Ressourcen.

Diese Zielfelder gaben die Strukturen für das interkommunale Berichtswesen vor und hatten bei der Produkt- und Kennzahlenbildung den Charakter von Oberzielen. In den sogenannten „Masterordnern", die für die jeweiligen Aufgabenbereiche bzw. Ämter praktische Anleitungen zur Kennzahlenbildung, -ermittlung und -auswertung enthielten, wurden die Kennzahlensets für alle Teilnehmer verbindlich zusammengefasst[1].

Begonnen wurde im Jahr 1992 mit dem Bereich Einwohnermeldewesen. An Hand dieses Musterbereiches wurden die grundlegende Kennzahlenstruktur, Messinstrumente und Berichte entwickelt.

Die Bildung der Kennzahlensets erfolgte auf der Basis der über Unterziele, Leistungskriterien und Indikatoren hergeleiteten Oberziele. Die Oberziele wurden in die vier Dimensionen „Auftragserfüllung", „Kundenzufriedenheit", „Mitarbeiterzufriedenheit" und „Wirtschaftlichkeit" eingeteilt. Doch schon aus der Anzahl der gebildeten Kennzahlensets zu den jeweiligen Oberzielen lässt sich die dominierende Stellung des Wirtschaftlichkeitsgedankens ablesen. Mit über 300 Kennzahlen und Indikatoren allein für diesen Bereich ist hier eine eindeutige Dominanz erkennbar.[2]

Die Struktur der Berichte wurde zur leichteren Wiedererkennung für alle Ämter- und Aufgabenbereiche identisch gestaltet. Alle vergleichbaren Informationen der vier Zieldimensionen stehen an der gleichen Stelle.

5.2 Ergebnisqualität und kritische Erfolgsfaktoren am Beispiel des Bertelsmann-Vergleichsringes

Eine der bedeutendsten Vorraussetzungen für den Erfolg des nicht-marktlichen Wettbewerbs innerhalb und zwischen öffentlichen Einrichtungen ist die Bereitstellung eines spürbaren Nutzens für die beteiligten Akteure. Nur wenn diese einen Nutzen in der Beteiligung erkennen, werden sie dem Vergleichsprojekt kooperativ gegenüber stehen.

Die Aufwendungen, die durch das Bertelsmann Projekt an Arbeitsstunden und Material verursacht wurden, sind in den maßgeblich beteiligten Kommunen nicht erfasst worden. In den beteiligten Ämtern der Mustervergleichsringe bedeutete die Datenerfassung aber eine offensichtliche Mehrbelastung der Mitarbeiter, deren Motivation dadurch in Ermangelung eines erkennbaren persönlichen Nutzens im Projektverlauf eher negativ beeinflusst wurde.[3]

---

[1] HORVÀTH & RARTNER 2003, C 1.1, S.14.
[2] Vgl. SCHUSTER 2003, S.196 ff.
[3] Vgl. SCHUSTER 2003, S.198 ff.

Besondere Bedeutung kommt diesem, den Vergleichsprozess negativ beeinflussenden, Erfolgsfaktor zu, wenn man ihn im Zusammenhang mit der Reform des kommunalen Rechnungswesens betrachtet.

Die im nachfolgenden Kapitel noch vertiefend betrachtete Neuausrichtung des Haushaltsplanes durch die stärkere Verknüpfung externer und interner Instrumente für mehr Transparenz und Steuerbarkeit, wird den Kennzahlenerhebungsaufwand in den Haushaltsbewirtschaftungsprozess integrieren. Damit wird der bisher, auch im Vergleich mit nicht an der Vergleichsarbeit teilnehmenden Verwaltungen, als zusätzlich empfundene Aufwand, für alle zum „normalen" Tagesgeschäft.

Dem für die Mitarbeiter höheren Aufwand stand im Bertelsmann-Projekt nur in geringem Maße ein finanzieller Nutzen gegenüber. Auch die mangelnde Belohnung für im Vergleich erzielte Ergebnisse sowie die nicht verbesserte Einbeziehung der Mitarbeiter in Entscheidungsprozesse trugen zur im Projektverlauf reduzierten Motivation der Beteiligten bei.[1]

Diese Aussagen machen die erfolgsbeeinflussende Rolle der Verwaltungsführung deutlich. Diese wird von der Bertelsmann-Stiftung im Projekt allerdings als außerordentlich kritisch bewertet. So sei das mittlere Management „bei der Steuerung hinderlich" in Erscheinung getreten und die Verwaltungschefs hätten die Berichte und Daten nicht abgefordert.[2] Das wiederum habe die „Frustration" der Mitarbeiter noch verstärkt.

Auch die Feststellung, dass sich diese Erkenntnisse weitgehend, mit denen der eingangs erwähnten Studie der KGSt zur Entwicklung der Kostenrechnung in Kommunen[3], decken, deutet auf die häufig nicht vorhandene Informationsaufnahmebereitschaft des Rates und der Leitungsebene hin.

Auf diesbezügliche Chancen der zwangsweisen Informationsübermittlung durch den neuen doppischen Haushalt wird ebenfalls im Folgenden weiter eingegangen.

Als positive Effekte wurden jedoch in einzelnen Ämtern und Einrichtungen projektbedingte Mehreinnahmen verzeichnet. Am Beispiel des genannten Mustervergleichsringes Einwohnermeldewesen konnten als Projekterfolge darüber hinaus die Aufgabenausweitung, die Schaffung bürgerfreundlicher Ablaufstrukturen, die Ausweitung der Öffnungszeiten, Serviceverbesserungen, Produktivitätssteigerungen, Einsparungen und Zusatzeinnahmen erreicht werden. Auch für später einbezogene Ämter war ein stärkeres Kostenbewusstsein und eine verbesserte Kundenorientierung zu beobachten.

Im Ergebnis hat das Bertelsmann-Projekt in den beteiligten Kommunen keine radikalen Veränderungen bewirkt. Es hat aber in vielen Bereichen zu Verbesserungen in kleinen Schritten geführt und stellte für alle beteiligten Kommunen den Einstieg in eine systematische Verwaltungsmodernisierung dar.[4].

---

[1] Vgl. SCHUSTER 2003, S.225
[2] Vgl. SCHUSTER 2003, S.257
[3] Vgl. KGSt: Der Nutzen der Kostenrechnung in Kommunen 10/2001
[4] Vgl. SCHUSTER 2003, S.211 f.

6 Der neue kommunale Haushalt als Basisinstrument für standardisierte Leistungsvergleiche

6.1 Einführung

Die Kritik am öffentlichen und somit auch kommunalen Haushalts- und Rechnungswesen ist keine ausschließliche Erscheinung der heutigen Zeit. Die Versuche zur Übernahme der kaufmännischen doppelten Buchführung (Doppik) in die öffentlichen Verwaltungen gehen bis in die Mitte des 18. Jahrhunderts zurück. Aber auch danach wurde die Thematik „Doppik versus Kameralistik" immer wieder – zumeist von Wirtschafts- und Verwaltungswissenschaftlern – diskutiert, wobei die Kritiker der Kameralistik vor allem ihre generelle Leistungs- und Aussagefähigkeit in Frage stellten.

Neu ist, dass ausgelöst von internationalen Tendenzen im öffentlichen Finanzmanagement, der nationalen Entwicklung und Einführung des Neuen Steuerungsmodells (NSM) auf kommunaler Ebene und den Beschlüssen der Innenministerkonferenz (IMK), die Diskussion dem Handeln weicht.

Trotz – oder vielleicht gerade wegen – der anhaltenden, immer dramatischer werdenden Finanzkrise drängt die IMK auf eine grundlegende Reform des kommunalen Haushalts- und Rechnungswesens.

Die folgenden Beschlüsse der IMK sind dabei richtungweisend:

- Vom 11. Juni 1999 über die „Konzeption zur Reform des kommunalen Haushaltsrechts" mit den Reformoptionen Doppik oder Erweiterte Kameralistik (Optionsmodell) und

- vom 24. November 2000 über Eckpunkte für die Reform des kameralistischen Haushalt- und Rechnungssystems sowie Eckpunkte für ein kommunales Haushalts- und Rechnungssystem auf der Grundlage der doppelten Buchführung.

Mit Beschluss vom 21. November 2003 empfiehlt die IMK nunmehr, die nachstehenden Textentwürfe für die Reform des Gemeindehaushaltsrechts zur Grundlage bei der Umsetzung in den einzelnen Bundesländern zu machen:

- Das Muster einer Gemeindehaushaltsverordnung für ein doppisches Haushalts- und Rechnungswesens oder

- das Muster einer Gemeindehaushaltsverordnung für die erweiterte kameralistische Buchführung sowie

- den Entwurf eines Produktrahmens mit Erläuterungen und

- den Entwurf eines Kontenrahmens.

Somit ist der Weg jetzt frei, um entsprechende Regelungen durch die Gesetzgebungsverfahren der Länder in Kraft treten zu lassen. Hierbei fällt auf, dass die Mehrzahl der Bundesländer wohl ausschließlich die doppische Variante in ihr Gemeindehaushaltsrechts einfließen lassen wird und sich somit gegen das Optionsmodell entscheidet.[1]

6.2 Verwaltungssteuerung im Zeichen der Doppik

Die mit dieser Reform verbundenen Erwartungen sind nach wie vor hoch, auch wenn die anfängliche Euphorie abgenommen hat. Es besteht die Hoffnung, mit der Doppik – zumindest mittel- bis langfristig – eine Entlastung der Kommunalhaushalte herbeizuführen und finanzielle Spielräume zurück zu gewinnen. Die Hoffnungen beruhen auf einem grundlegenden Wandel der kommunalen Haushaltswirtschaft, wodurch eine effektivere und kostenwirtschaftlichere Leistungserstellung erreicht werden soll.

Alle Beteiligten müssen sich aber immer wieder vor Augen führen, dass allein durch die Einführung der Doppik kein Euro mehr eingenommen oder weniger ausgegeben wird, da Doppik und Kameralistik lediglich zwei Ausdrucksformen derselben Sache sind. Beides sind letztlich pagatorische Rechnungsstile, mit denen inputorientiert gesteuert werden kann. Die Umstellung des Haushalts- und Rechnungswesens zu Gunsten der kaufmännischen Buchführung ist nicht per se mit einer neuen verbesserten Verwaltungssteuerung gleichzusetzen, die zu Effektivitäts- und Effizienzgewinnen führt.

Sicherlich bietet die Doppik bekanntermaßen gegenüber der klassischen Kameralistik zahlreiche systemimmanente Vorteile. Dazu gehören z. B die Darstellung von Ressourcenbestand und -verbrauch sowie der systematische Verbund von Bilanz und Ergebnisrechnung und die Möglichkeit zur Konzernrechnungslegung, mit denen der Finanzstatus einer Kommune eine völlig veränderte Darstellung erfährt, so dass Wirtschaftlichkeitsbetrachtungen und -analysen auf Basis der Rechenwerke möglich sind.[2]

Um aber dem Anspruch der gewünschten outputorientierten Steuerung näher zu kommen, müssen in einem zweiten Schritt – aufsetzend auf das neue Haushalts- und Rechnungswesen – aufbau- und ablauforganisatorische Voraussetzungen sowie Steuerungsmechanismen geschaffen werden, die eine zielorientierte und effiziente Steuerung des Verwaltungshandelns ermöglichen. Insgesamt muss eine Modernisierungsstrategie entwickelt und umgesetzt werden, in der die Doppik mit Instrumenten des NSM sinnvoll vernetzt wird. Die Vergangenheit hat bewiesen und es wird auch zukünftig so sein, dass ein wahlloses Implementieren von Instrumenten nicht zum Erfolg führt. Insbesondere Zielvereinbarungen, Produktorientierung im externen und internen Rechnungswesen, Kosten- und Leistungsrechnungen, Budgetierung und Kennzahlen müssen aufeinander abgestimmt sein, wobei die Doppik eine Dienstleistungsfunktion für diese Instrumente übernimmt, um ihnen neue Schubkraft zu verleihen.

Das NSM verkörpert und symbolisiert nach wie vor die derzeit herrschende Richtung und Stimmung der Verwaltungsmodernisierung in Deutschland. Es ist mit seinen Elementen nicht vollkommen und muss ständig weiterentwickelt werden,[3] allerdings

---

[1] Vgl. KPMG 2004, S. 8f.
[2] Kennzahlenorientierte Jahresabschlussanalyse.
[3] Nicht zuletzt die dynamischen Umfeldentwicklungen, denen eine Kommunalverwaltung ausgesetzt ist, erfordern diesen Prozess.

sollte seinen Kritikern bewusst sein, dass kein vergleichbares Modell zur kommunalen Verwaltungsmodernisierung existiert.[1]

Sicherlich hat die Anwendung des NSM[2] dazu geführt, dass in zahlreichen Kommunalverwaltungen spürbare Verbesserungen eingetreten sind – aber es fällt auch auf, dass viele mittlerweile an die Grenzen des Machbaren gestoßen. Warum mit der Doppik nun neues Potenzial zur Selbstoptimierung hervortritt und auf welche Weise dies mit verbesserten Marktmechanismen in der Hoheitsverwaltung verbunden werden kann, wird im Folgenden erörtert.

Inwieweit der Reformprozess zu einer Steigerung von Effektivität und Effizienz führt, wird vor allem vom Willen aller Beteiligten zur Reform, von einer zweckentsprechenden und konsequenten Umsetzung sowie der Anwendung der erzeugten Informationen abhängen. Aber auch Bund und Länder müssen Reformwillen beweisen, um einerseits durch flankierende Maßnahmen[3] die Kommunen zu unterstützen und nicht zu überfordern sowie andererseits einen eigenen Modernisierungsprozess zu beschreiten.

6.3 Der neue Kommunalhaushalt – Kontrakte, Ziele und Kennzahlen

Auch nach dem doppischen Gemeindehaushaltrecht bildet der Haushaltsplan – als Teil der Haushaltssatzung – die Grundlage der kommunalen Haushaltswirtschaft, so dass der Haushalt natürlich weiterhin im Zentrum von Planung, Bewirtschaftung und Rechenschaft steht. Allerdings ergeben sich wesentliche Änderungen und Ergänzungen für den Inhalt und Aufbau sowie für die Termini des Haushaltsplans aus den Reformzielen des Neuen Kommunalen Finanzmanagements (NKF)[4] und im Speziellen aus den Zielsetzungen des neuen doppischen Haushaltes.[5]

Die speziellen Zielsetzungen des neuen Kommunalhaushaltes setzen sich wie folgt zusammen:

- Abbildung von Ressourcenaufkommen und Ressourcenverbrauch,
- Outputorientierung durch eine produktorientierte Haushaltsgliederung,
- Ermöglichung von Budgetierung und weitergehender dezentraler Ressourcenverantwortung,
- Steuerung über kombinierte Ressourcen- und Leistungsvorgaben mittels Kontraktmanagement,

---

[1] Vgl. JANN 1998, S. 71.
[2] Unternehmensähnliche, dezentrale Führungs- und Organisationsstruktur, Kontraktmanagement, Budgetierung etc.
[3] Beispielsweise durch Gemeindefinanzreform, Beachtung des Konnexitätsprinzips und Strukturreformen.
[4] Die Ausführungen beziehen sich auf das nordrhein-westfälische Neue Kommunale Finanzmanagement.
[5] Vgl. MODELLPROJEKT "DOPPISCHER KOMMUNALHAUSHALT IN NRW" (Hrsg.) 2003, S. 28f.

- Integration der mittelfristigen Finanzplanung in den Haushalt.[1]

Die Versuche zur Einführung der outputorientierten Steuerung scheiterten bislang zumeist. Die Gründe hierfür waren durchaus vielfältig[2] aber ließen sich letztlich doch fast immer auf einen Nenner bringen: Das Produktmanagement muss von vornherein in das Ressourcenmanagement – also dem Haushalt – integriert werden.[3]

Die Entwürfe der IMK sowie der doppische Kommunalhaushalt nach NKF berücksichtigen nun unmittelbar wesentliche Elemente des NSM. Hierdurch werden wichtige Voraussetzungen geschaffen, die bis dato fehlten, um eine output- bzw. ergebnisorientierte Verwaltungssteuerung zu ermöglichen.

Es kommt auf das Zusammenspiel von Produkthaushalt und Doppik an. Produktbildung ohne eine eindeutige Ergebnis- und Kostenverantwortung ist wirkungslos. Solange der Haushalt – und damit der entscheidungsrelevante Rechenstoff – kameral geprägt ist, kann Produktbildung – auch in Verbindung mit einer zusätzlich betriebenen Kosten- und Leistungsrechnung – keinen Paradigmenwechsel in der Steuerung bewirken. Umgekehrt gilt aber auch: Ein kaufmännisches Haushalts- und Rechnungswesen kann nur dann die Effektivität und Effizienz des Verwaltungshandelns unterstützen, wenn es im Hinblick auf steuerungs- und entscheidungsrelevante Kategorien strukturiert ist – also in einem produktorientierten Haushalt integriert ist.

Produkte sind Dreh- und Angelpunkt für eine outputorientierte Steuerung des Ressourceneinsatzes, da sie eine Verbindung zwischen Leistungs- und Finanzzielen herstellen. Den Produkten ist bei ihrer Bildung eine operationale Zieldefinition mitzugeben, um Quantität und – soweit möglich – Qualität des Outputs sachgerecht messen zu können. Daneben ist das Rechnungswesen so einzustellen, dass der qualifizierten Beschreibung und Messung des Outputs der für die Leistungserstellung angefallene Ressourcenverbrauch (Input) in Form von Aufwendungen/Kosten zugeordnet werden kann. Produkte sind somit innerhalb eines kommunalen Rechnungswesens auf kaufmännischer Basis die entscheidende Informationsbasis für die Steuerung der Ressourcen, da sie als Kostenträger innerhalb qualifizierter Kostenrechnungen agieren. Darüber hinaus sind Produkte notwendiger „Türöffner" für den sinnvollen Einsatz weiterer betriebswirtschaftlicher Instrumente wie Budgetierung, Interkommunale Leistungsvergleiche etc.

Die Qualität einer späteren Outputsteuerung kann daher nur so gut sein wie der Steuerungsgegenstand. Wichtig ist daher die Ermittlung von produktbezogenen Kennzahlen, die innerhalb eines standardisierten Berichtswesens die zeitnahe adressatengerechte Information der Entscheidungsträger ermöglichen. Zu beachten ist auch, dass nur wirklich steuerungsrelevante kommunale Aufgaben in Produktform gebracht werden, um einer „Übersteuerung", die keinen erkennbaren Nutzen bringt, entgegen zu wirken.[4]

---

[1] Vgl. MODELLPROJEKT "DOPPISCHER KOMMUNALHAUSHALT IN NRW" (Hrsg.): Foliensatz zum NKF. unveröffentlicht.
[2] Für eine vertiefende Betrachtung BALS, Hansjürgen: Der Produkthaushalt – Wege zur Integration von Finanz- und Leistungssteuerung. In: ZKF 12/2003, S. 321 – 329.
[3] Vgl. BALS, Hansjürgen 2003, S. 322.
[4] Vgl. FUDALLA, Mark und WÖSTE, Christian 2002, S. 11.

Es wird deutlich, dass die Einführung der Doppik allein nicht zu der allseits angestrebten outputorientierten Steuerung führt. Es wird – dem Anliegen der Regelungsentwürfe folgend – darauf ankommen, nicht nur Minimalanforderungen umzusetzen sondern den Umstellungsprozess mit einer angemessenen individuellen Modernisierungsstrategie zu vernetzen, um zu einer zeitgemäßen Steuerung zu gelangen. Dass dies ein großer Kraftakt sein wird, ist unbestritten. Aber die Chance zur umfassenden Reorganisation der Verwaltung, die sich durch die Doppikeinführung bietet, sollte genutzt werden.

6.4 Benchmarking auf Basis des doppischen Kommunalhaushalts

Auch wenn es gelingt, die Einführung der Doppik zu nutzen, um einen umfassenderen Modernisierungsprozess in Gang zu setzen, kann weiterhin die Frage nach der Güte der Leistungserstellung im Vergleich zu anderen nicht beantwortet werden.

Die bisherigen punktuellen Vergleichsprojekte waren in der Regel – unabhängig von ihrem Erfolg – sehr aufwendig. Insbesondere mussten losgelöst vom entscheidungsrelevanten traditionellen Haushalt und in Abstimmung mit den Vergleichspartnern Ziele, Produkte und Kennzahlen definiert werden, um eine geeignete Vergleichsbasis zu erhalten. In einer Umfrage aus dem Jahre 2004 äußerte sich die überwiegende Mehrheit der befragten Kommunen aber dahingehend, dass auf Grund der einfacheren Durchführung von Wirtschaftlichkeitsbetrachtungen im doppischen Kommunalhaushalt die Bedeutung von interkommunalen Vergleichen steigen wird.[1]

Die Einschätzung der Kommunen dürfte auf dem – schon mehrfach hervorgehobenen – systematischen Verbund von Produktmanagement und Haushalt beruhen, so dass bereits eine gewisse outputorientierte Vergleichsbasis zur Verfügung steht. Allerdings muss beachtet werden, dass – gerade in den ersten doppischen Haushaltsjahren – keine durchgängige Darstellung von Zielen, Produkten und Kennzahlen zu erwarten ist. Zumal die Neufassung der nordrhein-westfälischen Gemeindehaushaltsverordnung die Anreicherung der produktbereichsorientierten Teilpläne mit Zielen und Kennzahlen als Soll-Vorschrift formuliert hat. Darüber hinaus ist es den Kommunen freigestellt, eine tiefere als die verbindliche Gliederung in Form von Produktbereichen und Produktgruppen einzuführen.

Da der Produktrahmen nicht nur der haushaltswirtschaftlichen Steuerung der Kommune dienen muss sondern auch die Anforderungen für Finanzstatistik und interkommunale Vergleiche erfüllen muss,[2] kann der von der IMK als verbindlich erklärte Produktrahmen nur ein Kompromiss sein. Kritiker führen u.a. an, dass die Gliederung des beschlossenen Produktrahmens bis zur Ebene der Produktgruppen ausschließlich der Finanzstatistik dient und der Abbildung eines individuellen Ziel- und Produktsystems im Haushalt entgegensteht.[3] Ohne dieses Argument entkräften zu wollen, bleibt die Frage, inwieweit nicht auch in diesem Produktrahmen individuelle Zielsetzungen abgebildet werden können. Darüber hinaus bietet die bundesweit verbindliche Mindestgliederung auch Vorteile hinsichtlich des Benchmarkings, da

---

[1] Vgl. KPMG 2004, S. 35.
[2] Vgl. Anlage 6 zum IMK-Beschluss vom 21. November 2003 „Empfehlungen für einen gemeinsamen Produktrahmen, der vom Rechnungsstil unabhängig ist", S. 2.
[3] Vgl. EIKEN/WEISS 2004, S. 23.

hierdurch ein großes strukturell einheitliches Vergleichspotenzial – insbesondere im Hinblick auf hoheitliche Leistungen – gegeben ist. („Das Vergleichen und ein daraus resultierender Lernprozess gelingt umso eher, je einfacher das Vergleichen ist").

Insgesamt bleibt festzuhalten, dass durch die Neugestaltung des Haushaltes und der angestrebten outputorientierten Steuerung ein Denken aller Beteiligten in Zielen, Produkten und dem Messen der Zielerreichung gefördert wird, wovon das Benchmarking nur profitieren kann. Der doppische Haushalt wird zwar überwiegend nur wirtschaftliche Dimensionen auf Basis von Aufwendungen und Erträgen abbilden. Aber allein hierdurch ist schon viel gewonnen, da somit die bisherigen bruchstückhaften und oft pauschalen Kostenermittlungen der Vergangenheit angehören – insbesondere wenn mit Hilfe der Doppik eine qualifizierte Kostenrechnung eingerichtet wird. Die Kenntnis der eigenen Kostenstrukturen ist unmittelbare Voraussetzung um die eigene „Wettbewerbsfähigkeit" zu beurteilen und positiv zu beeinflussen.

Für ein mehrdimensionales Benchmarking, das auch Qualität und Wirkung von Verwaltungsleistungen, Kunden- und Mitarbeiterzufriedenheit berücksichtigt, müssen weitere Datengrundlagen erschlossen werden, damit sich der Vergleichs- und Lernprozess auch hier positiv auswirken kann. Die strukturellen Voraussetzungen des doppischen Produkthaushaltes nützen aber auch hier.

In der Summe lässt sich feststellen, dass die Einsatzbedingungen für das Benchmarking durch das produktorientierte Haushalts- und Rechnungswesen auf Basis der doppelten Buchführung verbessert werden. Das Instrument des Benchmarkings bzw. dessen Wirkungsgrad kann wiederum verbessert werden, indem eine systematische Einbindung ausgewählter Vergleichsergebnisse in das örtliche Berichtswesen erfolgt. Überdimensionierte Datenmengen sind aber zu vermeiden. Es ist notwendig, die gewonnenen Kennzahlen und Kennzahlenwerte zu verdichten, um wenige Schlüsselkennzahlen mit hohem Informationsgehalt zu gewinnen.[1]

Die Bertelsmann-Stiftung sieht die großen Herausforderungen und Trends für die Verwaltung im Wettbewerb folgendermaßen:

- Medien und Öffentlichkeit werden zunehmend Vergleichsinformationen einfordern. Keine internen Zeitreihenvergleiche sondern nur Vergleiche mit anderen, können eine zutreffende Beurteilung der eigenen Leistungen ermöglichen.
- Das Benchmarking funktioniert nur dann, wenn es in das NSM eingebunden ist: Insbesondere Kontraktmanagement bzw. Zielvereinbarungen, Budgetierung, Produkthaushalt i.V.m. Doppik, Personal- und Organisationsentwicklung sowie EDV-Unterstützung. Erschwerend wirkt sich jedoch aus, dass in vielen Verwaltungen diese Voraussetzungen erst noch geschaffen werden müssen.
- Um positive Wirkungen zu erzeugen, benötigt Benchmarking die Entwicklung einer veränderten Verwaltungskultur: Kein Perfektionismus bei der Entwicklung von Kennzahlen, keine unbegründeten Ängste beim Umgang mit Vergleichsdaten, die Unterstützung von Politik und Verwaltungsführung bei der erforderlichen Kulturentwicklung etc.[2]

Das schon erwähnte große Manko hinsichtlich des Benchmarkings von hoheitlichen Leistungen wird zwar nie ganz ausgeschaltet werden können, da bei Schlecht-

---
[1] Vgl. KORTE/POOK 2002, S. 15.
[2] Vgl. TEBBE 2002, S. 16.

Leistung kein Ausscheiden aus dem Markt erfolgen kann. Aber trotzdem kann es entschärft werden, wenn z. B. alle Akteure sich die desolate Finanzlage vor Augen halten, die Reformdiskussion als Chance begreifen und in der breiten Öffentlichkeit ein nachhaltiges Bewusstsein dafür geschaffen wird, dass schlechte Leistungen nicht zwangsläufig in Kauf genommen werden müssen, wenn es andere (viel) besser können. Gleichzeitig müssen für die Mitarbeiterinnen und Mitarbeiter der Verwaltung aber auch Anreize geschaffen werden, damit der Kraftakt der nächsten Jahre gelingen kann. Ein kooperativer Führungsstil, die Delegation von Ergebnisverantwortung, eine individuelle Personalentwicklung sowie die Flexibilisierung des Arbeits- und Dienstrechts zu Gunsten des Personals sind hierbei wesentliche Bausteine.

7 Fazit und Ausblick

Ein wesentliches Ziel der Reform des kommunalen Rechnungswesens ist die engere Verzahnung des externen Rechnungswesens mit den internen Steuerungsinstrumenten der Verwaltung. Der neue produktbezogene Haushalt wird deshalb deutlich stärker strategisch ausgerichtet sein und Leistungsziele sowie Kennzahlen zu deren Messbarkeit enthalten.

Die schrittweise Einführung von Kontraktmanagement, dezentraler Strukturen, einheitlicher Produktbeschreibungen, Buchungsverfahren und Kennzahlendefinitionen bietet eine optimale Basis für die weitere Ausdehnung der bisher nur sporadischen interkommunalen Vergleiche. Der in den bisherigen Vergleichsprojekten als sehr hoch empfundene, zusätzliche Aufwand zur Erschließung von Vergleichsdaten wird durch die Einführung des neuen Gemeindehaushaltrechts wesentlich vereinfacht, so dass sich vorteilhafte Kosten-Nutzen-Strukturen herausbilden können.

Die Rahmenbedingungen für die weitere Verbreitung des kommunalen Leistungsvergleiches werden sich somit durch die Reform des kommunalen Haushalts- und Rechnungssystems in nicht unerheblichem Maße verbessern.

Das hieraus jedoch nicht zwingend auf einen durchbrechenden Erfolg des Leistungsvergleiches geschlossen werden kann, ist auf zahlreiche weitere Determinanten zurückzuführen. Zu nennen sind an dieser Stelle:

- Die Monopolstellung der Kommunen für den überwiegenden Teil des angebotenen Leistungskataloges.
- Das Desinteresse sowohl der Politik als auch der Verwaltungsführung an den intern generierten Daten und den daraus ermittelten Vergleichswerten.
- Das kaum zu identifizierende Anreizsystem für ein qualitatives und wirtschaftliches Verhalten von Verwaltungen, da auch Konsequenzen für Schlecht-Leistungen weitgehend fehlen.

- Das bestehende Arbeits- und Dienstrecht, das zu wenig Möglichkeiten bietet, um Mitarbeiterinnen zu fordern und individuell zu fördern sowie sehr gute Leistungen zu honorieren.

Zweifelhaft ist damit, ob der interkommunale Wettbewerb in der Lage ist, den marktlichen Wettbewerb, der in seiner Dynamik immer wieder neue Anstrengungen zur Leistungsverbesserung erzwingt, zu ersetzen. Das Anreizsystem des Marktes, das durch Nachfragewanderung und die Befürchtung, aus dem Markt ausscheiden zu müssen, gekennzeichnet ist, erscheint hierfür deutlich effektiver.[1]

Festzuhalten ist abschließend jedoch auch, dass der interkommunale Vergleich zukünftig verstärkt Möglichkeiten zur Erschließung qualitativer und wirtschaftlicher Potenziale bietet. Ob diese Chancen genutzt werden, wird maßgeblich durch das Handeln von allen kommunalen Akteuren bestimmt werden.

---

[1] Vgl. SCHUSTER 2003, S.328.

Literaturverzeichnis

ADAMASCHEK, Bernd (Hrsg.): Interkommunaler Leistungsvergleich. Kfz-Zulassungswesen. Gütersloh 1997.

BALS, Hansjürgen: Der Produkthaushalt – Wege zur Integration von Finanz- und Leistungssteuerung. In: ZKF 12/2003, S. 321 – S. 329.

BALS, Hansjürgen und Hans HACK: Die neue Kommunalverwaltung – Verwaltungsreform: Warum und Wie? Berlin/München 2000.

EIKEN, Wolfgang und Erik WEISS: Neues öffentliches Rechnungswesen. Der Produkthaushalt als finanzstatistisches Opfer? In: Innovative Verwaltung 10/2004. S. 22 – 23.

EHRMANN, Harald : Kompakt-Training: Balanced Scorecard, Ludwigshafen (Rhein) 2000.

FUDALLA, Mark und Christian WÖSTE: Neue Steuerung in der Kommunalverwaltung. Produktbildung und Doppik. In: Kommunalpolitische Blätter, Heft 5/2002, Rheinbach. S. 11.

HILBERTZ, Hans-Joachim: Das Konzept der KGSt, in KGSt Materialien Nr.1, Kommunen im Wettbewerb – Wettbewerb gestalten, Leistungen verbessern. Köln 2003.

HORVÀTH, Peter und Ronald N. HERTER: Benchmarking - Vergleich mit den Besten der Besten. In: Controlling, 1992, S. 12 .

HORVÀTH & PARTNER (Hrsg.): Balanced Scorecard umsetzen. Stuttgart 2001.

HORVÀTH & PARTNER (Hrsg.): Neues Verwaltungsmanagement – Grundlagen, Methoden und Anwendungsbeispiele. Düsseldorf 2003.

HORVÀTH, Péter : Controlling. München 1996.

JANN, Werner: Neues Steuerungsmodell. In: BANDEMER VON, Stephan u. a. (Hrsg.): Handbuch zur Verwaltungsreform. Opladen 1998. S. 70 – 80.

KGSt (Hrsg.): Bericht 8/1996. Kommune und Wettbewerb – Erste Überlegungen und Empfehlungen. Köln 1996.

KGSt (Hrsg.): Der Nutzen der Kostenrechnung in Kommunen - Eine empirische Studie zu Gestaltung, Nutzung und Erfolg der Kostenrechnung. Köln 10/2001.

KORTE, Rainer und Manfred POOK: Leistungsvergleiche haben die Bewährungsprobe bestanden. In: Innovative Verwaltung. Heft 7-8/2002. S. 14 – 17.

KPMG Deutsche Treuhand-Gesellschaft AG WPG (Hrsg.): Haushaltskonsolidierung und Doppik. Eine Studie von KPMG. Köln 2004.

MODELLPROJEKT "DOPPISCHER KOMMUNALHAUSHALT IN NRW (Hrsg.): Neues Kommunales Finanzmanagement. Betriebswirtschaftliche Grundlagen für das doppische Haushaltsrecht. Freiburg (Breisgau) 2003.

NASCHOLD, Frieder: Modernisierung des Staates. Zur Ordnungs- und Innovationspolitik des öffentlichen Sektors. Berlin 1995.

OSBORNE, David und Ted GAEBLER: Der innovative Staat: Mit Unternehmergeist zur Verwaltung der Zukunft. Wiesbaden 1997.

PIESKE, Reinhard: Benchmarking in der Praxis. Erfolgreiches Lernen von führenden Unternehmen. Landsberg/Lech 1995.

POOK, Manfred und Günter TEBBE: „Berichtswesen und Controlling – Die neue Kommunalverwaltung. München/Berlin 2002.

PROMBERGER, Kurt : Controlling für Politik und öffentliche Verwaltung. Wien 1995.

REICHARD, Christoph: Der Produktansatz im „Neuen Steuerungsmodell" von der Euphorie zur Ernüchterung. In: Lokale Verwaltungsreform in Aktion. Berlin 1998.

REICHMANN, Thomas : Controlling mit Kennzahlen und Managementberichten: Grundlage einer systemgestützten Controlling-Konzeption. München 1993.

ROTHGÄNGEL, Friedlinde und Elisabeth SCHMITHALS-FERRARI: Kennzahlenorientierte Steuerung und interkommunale Vergleiche (IKO-Netz). In: Meurer/Stephan, Rechnungswesen und Controlling in der öffentlichen Verwaltung. Gruppe 4. Loseblatt-Zeitschrift. Freiburg (Breisgau) 1999.

SCHEDLER, Kuno und Isabella PROELLER: New Public Management. Bern, Stuttgart und Wien 2003.

SCHUSTER, Ferdinand: Der interkommunale Leistungsvergleich als Wettbewerbssurrogat (Diss.). Berlin 2003.

SIMON, Hermann und Andreas VON DER GATHEN: Das große Handbuch der Strategieinstrumente. Werkzeuge für eine erfolgreiche Unternehmensführung. Frankfurt/Main und New York 2002.

STÖBE, Sybille: Ergebnisorientierte Steuerung. Vom Input zum Output. In: BANDEMER VON, Stephan u. a. (Hrsg.): Handbuch zur Verwaltungsreform. Opladen 1998. S. 323 – 332.

TEBBE, Günter: Den Wettbewerb annehmen und Verbesserungspotentiale nutzen. In: Innovative Verwaltung. Heft 1-2/2002. S. 15 – 17.

WEGENER, Alexander: Die Gestaltung des kommunalen Wettbewerbs. Strategien in den USA, Großbritannien und Neuseeland. Berlin 2002.

Mark Fudalla

Outsourcing und Public-Private-Partnerships: Theorie und kritische Erfolgsfaktoren

Gliederung

1 Einleitung

2 Sachliche Ein- und Abgrenzung

3 Transaktionskostenansatz

4 Kritische Erfolgsfaktoren

5 Zusammenfassungen und Folgerungen

1 Einleitung

Seit den späten 1980er Jahren zeichnet sich weltweit ein Trend zum Outsourcing im öffentlichen Sektor ab. Ausgegangen ist die Entwicklung insbesondere von „gemischten" Volkswirtschaften, in denen die wirtschaftliche Aktivität nicht unwesentlich durch öffentliche Betriebe und hohe Staatsquoten geprägt war (und noch ist). Zu nennen sind hier vor allem Australien, Neuseeland und einige europäischen Volkswirtschaften – insbesondere das Vereinigte Königreich.[1]

Im Mittelpunkt der Bestrebungen zum Outsourcing standen zunächst Aktivitäten, die normalerweise als Randbereiche öffentlicher Organisationen angesehen werden wie etwa Reinigungs-, Bewirtungs- und Sicherheitsdienste. Mittlerweile wird Outsourcing aber in fast allen Bereichen der öffentlichen Verwaltungen in Betracht gezogen: bei der Planung, Errichtung und Bewirtschaftung von öffentlichen Gebäuden, dem Marketing und Vertrieb von Leistungen sowie bei zentralen Diensten wie Personalmanagement und Informationssystemen.[2]

Im Zuge dessen konzentriert sich die Outsourcing–Diskussion – weltweit etwa seit Mitte der 1990 Jahre und in Deutschland spätestens seit Anfang 2000[3] – immer stärker auf komplexere Formen des Outsourcing: Im Fokus stehen sog. „Public-Private-Partnerships" (PPP). Der Staat überträgt dabei im Rahmen einer langfristig angelegten Partnerschaft bestimmte Aufgaben und Risiken auf private Unternehmen. Die sachgerechte Allokation der Aufgaben und Risiken zwischen den Partnern soll

---
[1] Vgl. SAVAS 1987; OSBORNE/GAEBLER 1992; BOSTON 1995.
[2] Vgl. OECD 1997; JENNINGS 1997.
[3] Für einen kurzen Überblick zu PPP in Deutschland siehe DÖRMANN 2002.

Vorteile für beide Seite erzeugen. Aus Sicht des Staates geht es darum, Zugang zu privatem Investitionskapital und Know-how zu erhalten, um größere Maßnahmen ebenso haushaltsschonend finanzieren wie kosteneffizient durchführen zu können. PPP-Pojekte sind insbesondere im Hoch- und Tiefbau angesiedelt: z.b. beim Bau und Unterhalt von Schulen, Haftanstalten oder Straßen. Hintergrund der Diskussion ist der immense Kapitalbedarf für die allgemein als erforderlich angesehene Sanierung sowie für den Ausbau der öffentlich bereitgestellten Infrastruktur. Beispielsweise belaufen sich in Deutschland nach Schätzungen des DIW alleine die Ersatzinvestitionen für die (bestehenden) Bundesverkehrswege bis 2020 auf kumuliert etwa € 60 Milliarden.[1]

Die Vorteile von PPPs sind jedoch nicht unstrittig. Es wird argumentiert, dass private Unternehmen ausschließlich gewinnorientiert handeln und damit u. U. Ziele verfolgen, die dem staatlichen Interesse am Schutz des Allgemeinwohls zuwider laufen. Die privaten Unternehmen seien bestrebt Profite zu privatisieren, die Risiken und Verluste aus der Kooperation mit der öffentlichen Hand aber zu sozialisieren. Auch werden die positiven Finanzierungs- und Einspareffekte von PPPs häufig grundsätzlich in Frage gestellt resp. deren behauptetes Ausmaß als weit überzogen kritisiert. Der Staat sei sehr wohl in der Lage, die in Rede stehenden Investitionen aus dem Haushalt heraus zu tätigen. Außerdem spare der Staat durch PPP nur vordergründig und am Anfang Geld. Schließlich sei der Staat dem privaten Investor gegenüber später verpflichtet, für die Überlassung der geschaffenen Einrichtungen laufend Zahlungen zu entrichten.[2]

Auf der anderen Seite weisen die Befürworter von PPPs darauf hin, dass die Vorteile von PPPs nicht nur und nicht einmal in erster Linie fiskalischer Natur seien, sondern vornehmlich darin lägen, die Qualität („value for money") der bereitgestellten Leistungen zu verbessern. Sie behaupten, dass die Opposition gegen PPPs häufig ideologisch begründet sei und argumentieren, dass sich bei gutem Vertragsmanagement substantielle Effizienzgewinne realisieren lassen.

2 Sachliche Ein- und Abgrenzung

2.1 Outsourcing

Der Begriff „Outsourcing" wurde vermutlich Anfang der 1980er Jahre geprägt.[3] Er bezeichnet jedoch keineswegs eine relativ neue Erscheinung im Wirtschaftsleben, sondern eine Erscheinung, die unmittelbar mit dem wirtschaftlichen Grundsachverhalt der Arbeitsteilung verknüpft ist und im Grunde so alt wie diese selbst ist. Outsourcing oder "contracting-out" beruht prinzipiell auf dem traditionellen Konzept von „make-or-buy"-Entscheidungen.[4] Es bedeutet, dass sich eine Organisation dafür entscheidet, bestimmte Leistungen von einem externen Anbieter zu beziehen, statt fortzufahren, sie selbst zu produzieren. Outsourcing heißt also nicht, dass eine Organisation darauf verzichtet, bestimmte Güter zu nutzen oder bereitzustellen. Sie entscheidet sich vielmehr, die Güter weiterhin zu nutzen, hört aber auf, sie intern zu produzieren und beginnt, sie von einer externen Quelle („**out**side **source**") zu

---

[1] Vgl. KUNERT/LINK 2001.
[2] Vgl. ROBINSON 2000 mit Bezug auf die britische „Private Finance Initiative" (PFI).
[3] Vgl. Webster's 10th Dictionary.
[4] Vgl. VENKATESAN 1992.

kaufen.[1] Die Verwaltung zahlt mithin Entgelt an einen Dritten für die Ausführung einer Aufgabe, die sie zuvor selbst erledigt hat.

Die Einbeziehung eines Dritten in die Wertschöpfungsaktivitäten der Organisation, die das Outsourcing bedingt, verändert das Überwachungs- und Steuerungsregime (governance structure) unter denen die Transaktionen zur Produktion einer Leistung organisiert sind. Vor der Outsourcing-Entscheidung wurden die Transaktionen innerhalb der Organisation und unter hierarchischer Kontrolle durchgeführt. Nach dem Outsourcing werden die Transaktionen nunmehr unter vertraglicher Kontrolle oder dem Regime des Marktes abgewickelt. Die Dauer und Komplexität der Verträge kann dabei sehr unterschiedlich sein. Das Spektrum reicht von langfristigen und komplexen partnerschaftlichen Arrangements bis hin zu einfachen, zeitpunktbezogenen Transaktionen auf Spot-Märkten (vgl. Abb. 1).[2]

Abb. 1: Vertikale Integration und Outsorcing

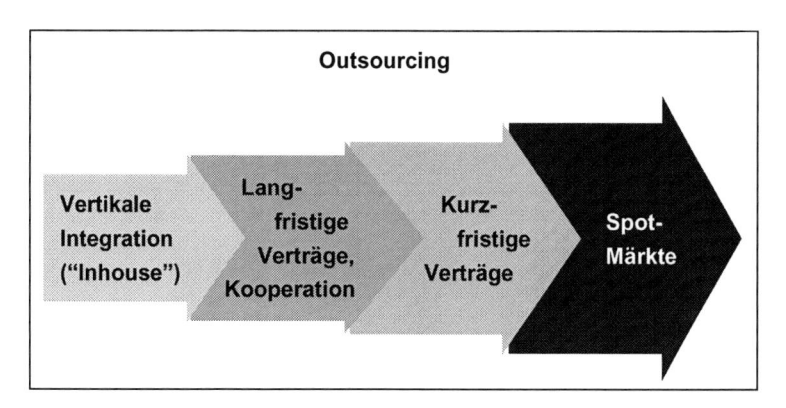

Quelle: Eigener Entwurf 2005.

Mit anderen Worten: Outsourcing repräsentiert – wie in Abb. 1 angedeutet – eine Bewegung weg von vertikaler Integration oder Inhouce-Produktion, wo Transaktionen unter hierarchischer Kontrolle stehen, hin zu vertraglichen Arrangements mit Dritten.[3]

2.2 Outsourcing und Privatisierung

Privatisierung bezeichnet die Überführung einer staatlichen Einrichtung in eine privatrechtliche Organisation (formelle Privatisierung) sowie die Übertragung der Eigentumsrechte an der Organisation vom Staat auf private Dritte (materielle Privatisierung). Dabei lässt sich die materielle Privatisierung prinzipiell entweder durch Anteilsverkäufe an mehrere Erwerber, Aktienverkäufe an der Börse oder durch den Verkauf an einen einzelner Erwerber bewerkstelligen.[4]

---

[1] Vgl. ELFING/BAVEN 1994; DOMBERGER 1998; KLIEM 1999; FINLAY/KING 1999.
[2] Siehe auch Abschnitt 3.
[3] Vgl. ähnlich PINT/BALDWIN 1997; SCHAUER 2001.
[4] Vgl. STONE 2003.

Die Absicht hinter einer (materiellen) Privatisierung ist regelmäßig, dass sich der Staat, wo es möglich und praktikabel erscheint, aus der Leistungserstellung und -bereitstellung zurückzieht. In diesen Fällen geht es nicht um Outsourcing- oder make-or-buy-Entscheidungen; der Staat beschränkt vielmehr seine Zuständigkeit für die Bereitstellung bestimmten Leistungen an das Publikum und überlässt das Feld der privaten Wirtschaft.[1] Im Falle von Outsourcing würde der Staat seine Zuständigkeit für die Bereitstellung hingegen nicht vollständig aufgeben, sondern sich nur für andere Wege der Leistungserstellung entscheiden.[2]

Privatisierung kann aber andererseits durchaus mit Outsourcing-Strategien verknüpft sein. Der Staat könnte beispielsweise einem privaten Unternehmen Anlagevermögen (etwa Grundstücke, Gebäude oder ganze Betriebseinheiten) verkaufen oder überlassen und gleichzeitig die entgeltliche Abnahme oder Nutzung der damit vom Privaten produzierten Leistungen oder erstellten Anlagen vereinbaren. Dies ist nicht selten bei Public-Private-Partnerships der Fall.

2.3 Public-Private-Partnerships

2.3.1 Abgrenzung

Unter dem Oberbegriff „Public-Private-Partnership" (PPP) wird ein ganzes Spektrum unterschiedlicher Outsourcing-Varianten der öffentlichen Verwaltungen subsumiert. Im allgemeinen bezieht sich der Terminus PPP auf Formen der Zusammenarbeit zwischen öffentlichen Stellen und Privatunternehmen bei der Planung, dem Bau, der Finanzierung, dem Betrieb sowie der Verwertung baulicher Anlagen[3] oder der Bereitstellung einer Dienstleistung.

PPP-Projekte unterscheiden sich von traditionellen Beschaffungsvarianten insbesondere dadurch, dass der öffentlich Auftraggeber gegenüber dem privaten Partner langfristig als Abnehmer einer Gesamtheit von Leistungen auftritt. Einzelne Projektphasen, Leistungspakete oder Einzelgewerke werden nicht getrennt ausgeschrieben und gegebenenfalls an unterschiedliche Auftragnehmer vergeben, sondern **einem** privaten Auftragnehmer übertragen. So umfassen PPP-Projekte im Bereich des Hochbaus typischerweise den gesamten Lebenszyklus der Immobilie. Der Private übernimmt dabei umfassende Verantwortlichkeiten bei der Planung, Errichtung und Finanzierung sowie den Betrieb und gegebenenfalls der Verwertung der Einrichtungen und tritt insoweit an die Stelle der bislang zuständigen öffentlichen Verwaltung. Die Rechte und Pflichten der Vertragsparteien regelt ein einheitliches Vertragswerk, das die Grundlage für eine langfristige und für beide Seiten berechenbare Zusammenarbeit legen soll.[4]

---

[1] Vgl. SAVAS 1982.
[2] Vgl. O'LOONEY 1998.
[3] Nach den Bereichen und der Ausgestaltung der Zusammenarbeit werden die folgenden Modelle unterschieden: Build-Own-Operate (BOO), Build-Operate-Transfer (BOT), Buy-Build-Operate (BBO), Design-Build-Operate (DBO), Build-Develop-Operate (BDO). Vgl. United States General Accounting Office 1999.
[4] Vgl. BERATERGRUPPE 2003; S. 1f.

Charakteristisch für PPP-Projekte sind mithin die folgenden Elemente:[1]

- Die Projektbeziehung zwischen dem öffentlichen und dem privaten Partner ist langfristig angelegt und
- umfasst ein ganzes Bündel von Maßnahmen in unterschiedlichen Projektphasen.
- Der öffentliche Partner zahlt dem Privaten für seine Leistungen ein laufendes Entgelt bzw. überwacht die Preispolitik des Privaten
- und konzentriert sich im übrigen auf die Kontrolle der vereinbarten Ziele der Kooperation und die Einhaltung von bestimmten Qualitätsstandards.

Ob es dem Staat durch PPP potentiell gelingen kann, bestimmte Leistungen kostengünstiger zu erhalten, hängt von der Aufgaben- und Risikoverteilung im Projekt ab. Die Aufgaben und Risiken sollten den jeweiligen Stärken der Partner entsprechend verteilt sein. Der Staat überträgt dem privaten Partner also die Aufgaben, für deren Erledigung der Private über geeigneteres Know-how und bessere Ausrüstung verfügt als der Staat. Zusätzlich sollte durch die Entgeltregelung und eine ausreichend lange Vertragsdauer sichergestellt sein, dass der Private Anreize zu effizienzsteigernden Investitionen erhält.[2]

2.3.2 Modelle

So mannigfaltig die Ausprägungen von PPP in der Praxis sind, so vielfältig sind auch die Ansätze, die unterschiedlichen Erscheinungsformen auf eine begrenzte Anzahl übergeordneter Modelle zu verdichten. In diesen Beitrag soll eine einfache Unterteilung in zwei Klassen vorgenommen werden, um beispielhaft einige wesentliche Unterscheidungsmerkmale herauszustellen. Die ganze Bandbreite der Modelle erschöpfend darzustellen und zu analysieren, erscheint im Rahmen dieses Beitrags weder möglich noch notwendig.[3]

Unterschieden wird im Folgenden zwischen Betreiber- und Konzessionsmodellen einerseits sowie gesellschaftsrechtlichen Kooperationen andererseits[4].

<u>Betreiber- und Konzessionsmodelle</u>

Bei Betreibermodellen[5] nimmt der private Partner die Aufgabe wahr, eine Infrastruktur für die öffentliche Verwaltung zu planen, aufzubauen und zu betreiben (beispielsweise ein Krankenhaus, eine Schule oder eine Verkehrsinfrastruktur). Im Gegenzug erhält der Private regelmäßige Zahlungen vom öffentlichen Partner. Die Zahlungen können eine feste Höhe haben, sie können aber auch variabel berechnet werden, je nach Verfügbarkeit des Bauwerks oder der entsprechenden Dienstleistung oder nach Nutzungsfrequenz.[6] Betreibermodelle treten in einer Vielzahl von Varianten auf.

---
[1] Vgl. KOMMISSION DER EUROPÄISCHEN GEMEINSCHAFTEN 2004, S. 3 ff.
[2] Siehe hierzu ausführlicher Abschnitt 3.4
[3] Ausführlich siehe BERATERGRUPPE 2003.
[4] Vgl. KOMMISSION DER EUROPÄISCHEN GEMEINSCHAFTEN 2004.
[5] PPP-Betreibermodelle werden seit den 1990er Jahren insbesondere im Vereinigten Königreich unter der Bezeichnung „Private Finance Initiative" (PFI) durchgeführt.
[6] Vgl. die „virtuelle Maut" im Rahmen von Autobahnprojekten insbesondere im Vereinigten Königreich, Portugal, Spanien und Finnland.

Unterschiede können beispielsweise in der Regelung der Eigentumsverhältnisse bestehen, je nach dem, ob der öffentliche Auftraggeber das Eigentum an der Infrastruktur vor oder nach der Betriebsphase erwirbt und der Eigentumserwerb fest oder optional vereinbart ist.[1]

Konzessionsmodelle unterscheiden sich von den oben beschriebenen Betreibermodellen dadurch, dass der öffentliche Auftraggeber dem privaten Betreiber das Recht einräumt, seine Kosten durch die Erhebung von Nutzungsentgelten (Entgelte oder Gebühren) zu decken, die Dritte für die Benutzung der Gebäude oder Anlagen zu entrichten haben (sog. Drittnutzerfinanzierung). Zusätzlich können aber weitere Zahlungen des öffentlichen Auftraggebers vereinbart sein (etwa eine Anschubfinanzierung).[2]

Gesellschaftsrechtliche Kooperationen

Gesellschaftsrechtliche Kooperationen zeichnen sich dadurch aus, dass die öffentliche Hand und der private Partner Mitgesellschafter einer mit der Planung, dem Bau und Betrieb einer öffentlichen Einrichtung befassten gemeinsamen Projektgesellschaft (etwa einer GmbH oder GmbH Co. KG) sind. Das ermöglicht dem öffentlichen Partner auch weiterhin eine relativ starke Kontrolle über die Abläufe.[3]

3 Transaktionskosten-Ansatz

3.1 Konzeptionelle Grundlagen

Grundlegend für den Transaktionskosten-Ansatz sind u.a. die Arbeiten von COASE, DEMSETZ, ARROW, KLEIN, ALCHIAN sowie WILLIAMSON.[4] Folgt man dem Transaktionskosten-Ansatz, dann sind Unternehmen, Kooperationen und Märkte alternative Organisationsformen zur Koordination von Aktivitäten. Die Grenzen des Unternehmens können nicht als gegeben angesehen werden, sondern sind das Ergebnis ökonomischer Kräfte und Kalküle. Ob Aktivitäten innerhalb des Unternehmens und damit unter hierarchischer Kontrolle ablaufen oder über die Unternehmensgrenzen hinweg unter der Kontrolle des Marktes ausgeführt werden, wird bestimmt durch die relative Höhe der Produktions- und Transaktionskosten.

Transaktionskosten entstehen bei Transfer von Waren und Leistungen an der Schnittstelle zwischen der abgebenden und der empfangenden Einheit. ARROW definiert Transaktionskosten als „Betriebskosten des Wirtschaftssystems".[5] Innerhalb einer Organisation resultieren Transaktionskosten aus den Abstimmungserfordernissen zwischen Arbeitskräften und betrieblichen Teilbereichen. Sie manifestieren sich in Kosten der Unternehmensführung, des Personalmanagements, Besprechungszeiten zur Koordination von Aktivitäten sowie den Wertverlusten, die sich aus einem Mangel an Koordination ergeben können (etwa Doppelarbeiten, überflüssige

---
[1] Vgl. hierzu BERATERGRUPPE 2003, S. 3 – 22.
[2] Vgl. BERATERGRUPPE 2003, S. 17 f.
[3] Vgl. BERATERGRUPPE 2003, S. 18 f.; Kommission der Europäischen Gemeinschaften 2004, S. 19 – 23.
[4] Vgl. COASE 1937, 1960; DEMSETZ 1968; ARROW 1969; ALCHIAN/DEMSETZ 1972; KLEIN/CRAWFORD/ALCHIAN 1978; WILLIAMSON 1975, 1979, 1985, 1988, 1990, 1996.
[5] ARROW 1969, S. 48.

Arbeiten, Unter- und Überauslastung von Einheiten). Wird eine Leistung statt von einer organisationsinternen von einer externen Einheit bezogen, resultieren die Transaktionskosten aus dem Zeit- und Ressourcenaufwand zur Auswahl einer geeigneten Bezugsquelle, den Vertragsverhandlungen, dem Vertragsmanagement, der Messung und Überwachung der Leistung, etwaigen Anwalts- und Gerichtskosten bei Vertragsstreitigkeiten sowie den Verlusten aus Lieferstörungen (fehlerhafte, verspätete oder ausbleibende Lieferungen).[1]

Die Verfahren zur Koordination wirtschaftlicher Aktivitäten umfassen ein ganzes Spektrum von Möglichkeiten. Es reicht von reinen, anonymen Spot-Märkten mit homogenen Gütern und vielen kleinen Anbietern und Nachfragern bis hin zu vollständig integrierten Unternehmen oder Organisationen, wo der Austausch von Leistungen durch hierarchische Anordnungen und Kontrollen organisiert ist. Zwischen diesen beiden Polen befinden sich vertragliche Regelungen mit zunehmender Dauer und Komplexität.[2]

Einfache, kurzfristige Kontrakte unterscheiden sich von Transaktionen an Spot-Märkten dadurch, dass der Lieferant die Produkte oder Leistungen in gewissem Umfang auf die individuellen Kundenwünsche anpasst (customizing). Dadurch steigen die Transaktionskosten: Es müssen größere Mengen an Information ausgetauscht und individuelle Vertragsverhandlungen geführt werden.

Sollen die Leistungen weiterreichend an individuelle Kundenwünsche angepasst werden, so erfordert dies einen immer aufwendigeren Informationsaustausch und Verhandlungsprozess sowie regelmäßig längere Vertragslaufzeiten. Die Transaktionskosten nehmen also weiter zu. Die Verträge beinhalten häufig Anpassungsklauseln, um bestimmte Leistungsmerkmale und Austauschbedingungen innerhalb der Vertraglaufzeit wechselnden Umständen anpassen zu können. Prinzipiell spricht aber die begrenzte Rationalität und Voraussicht der Vertragspartner dagegen, dass sie ex ante vertraglich umfassend festlegen könnten, wie sich die Parteien unter allen zukünftigen Eventualitäten verhalten sollten. Die Verträge sind mithin inhärent unvollständig. Gegebenenfalls lassen die Partner auch bewusst Lücken ihrer Vereinbarung und einigen sich stattdessen primär auf das Verfahren, nach dem sie sich jeweils neu abstimmen wollen (sog. „relationale Verträge").

Welche Folgerungen für Outsourcing-Entscheidungen ergeben sich nun konkret aus dem Transaktionskosten-Ansatz? Der zentrale Punkt ist folgender: Möchte eine Organisation darüber entscheiden, ob es wirtschaftlich ist, eine Leistung weiterhin intern zu produzieren oder (in welcher Form auch immer) zukünftig von einem externen Anbieter zu beschaffen, dann sollte sie bei dieser Entscheidung nicht nur die unmittelbaren internen Produktionskosten mit dem Preis des externen Anbieters für eine entsprechende Leistung vergleichen, sondern auch die Transaktionskosten der internen Leistungserstellung einerseits und die Transaktionskosten der externen Beschaffungsvariante andererseits mit ins Kalkül ziehen.

Häufig erweist sich die externe Beschaffung einer Leistung an einem Wettbewerbsmarkt als wirtschaftlicher gegenüber der Eigenerstellung. Das ist insbesondere dort der Fall, wo die Güter relativ homogen sind, die Transaktionspartner leicht gewechselt und auch größere Mengen jederzeit am Markt beschafft werden können. Der

---
[1] Vgl. WILLIAMSON 1990, S. 21-26.
[2] Vgl. WILLIAMSON 1990, S. 34 ff.

Wettbewerb führt hier zu relativ niedrigen Produktions- und Transaktionskosten. Die Anbieter sind gezwungen, laufend Kostensenkungspotentiale sowohl in der Produktion als auch Möglichkeiten, der Marktgegenseite Transaktionen zu erleichtern, aufzuspüren, auszuschöpfen und entsprechende Effizienzsteigerungen in Form von Qualitätsverbesserungen oder Preissenkungen an die Kunden weiterzugeben. Häufig übersteigt die Produktionsmenge eines externen Anbieters diejenige einer Betriebseinheit, die nur für den Eigenbedarf produziert. Auch hieraus können sich Kostenvorteile des externen Anbieters ergeben.[1]

Bei zunehmend individualisierten Produkten und Leistungen nehmen die Transaktionskosten am Markt jedoch zu: Die Verträge werden komplexer; die Laufzeiten verlängern sich; die Kosten der Vertragsanbahnung und -verhandlung erhöhen sich. Die Erbringung einer individuellen Leistung macht es regelmäßig erforderlich, dass der Anbieter in spezielle Ausrüstung und spezifisches Know-how investiert, welches ohne alternative Verwendung ist und folglich entwertet würde, wenn die Gegenseite sich entscheidet, den Anbieter zu wechseln (sog. „transaktionsspezifische" Investitionen). Die Vertragspartei, welche in geringerem Umfang spezifische Investitionen getätigt hat, könnte mithin versuchen, die Gegenseite auszubeuten, indem sie droht den Vertragspartner zu wechseln („opportunistisches" Verhalten[2]). Wenn der Investor nicht sicher sein kann, die volle Rendite seiner spezifischen Investitionen zu realisieren, wird er bestimmte Investitionen, mit denen sich die Produktionskosten weiter senken ließen, nicht tätigen. Letztlich hätte das den Effekt, dass sich die Kosten für beide Parteien erhöhen. Die Transaktionspartner binden sich daher für einen längeren Zeitraum vertraglich aneinander, um Planungssicherheit und Schutz vor opportunistischem Verhalten der Gegenseite zu erlangen.[3]

Eine wichtige Rolle spielen in diesem Zusammenhang auch Informationsasymmetrien zwischen den Vertragsparteien, die den Parteien ebenso Möglichkeiten zu opportunistischem Verhalten in den Vertragsverhandlungen und während der Laufzeit des Vertrages eröffnen. Auftraggeber und Auftragnehmer verfügen üblicherweise über unterschiedliche Informationen; wobei generell davon auszugehen ist, dass der Auftragnehmer über größere Detailkenntnisse hinsichtlich der Umsetzung von Maßnahmen verfügt.[4] Diese Informationen könnte der Auftragnehmer zum eigenen Vorteil – und ggf. zum Nachteil des Auftraggebers – nutzen.[5]

Immer dann, wenn größere Investitionen in transaktionsspezifisches Kapital notwendig sind und in hohem Maße Unsicherheit hinsichtlich der Entwicklung des vertraglichen Umfelds und der Interessen der Vertragsparteien besteht, kann es vorteilhaft sein, Wertschöpfungsaktivitäten innerhalb einer Organisation (vertikal) zu integrieren. In diesen Fällen kann es also empfehlenswert sein, von Outsourcing abzusehen resp. auch ein „Insourcing" von Aktivitäten in Betracht zu ziehen. Möglicherweise gelingt es mit den organisationsinternen, hierarchischen Mechanismen der Über- und Unterordnung eher, Interessenkonflikte zu lösen und eine Re-Allokation der Ressourcen durchzuführen, um flexibel auf Datenänderungen im Umfeld reagieren

---

[1] Siehe auch Abschnitt 3.1.3
[2] Zur Verhaltensannahme des Opportunismus vgl. WILLIAMSON 1990, S. 73-76.
[3] Vgl. WILLIAMSON 1990, S. 81 ff.
[4] Vgl. WILLIAMSON 1990, S. 93.
[5] Mit Informationsasymmetrien zwischen Auftraggebern und Auftragnehmern und den damit zusammenhängenden Vertragsproblemen beschäftigt sich ausführlich die Principal-Agent-Theorie. Vgl. SPENCE/ZECKHAUSER 1971; ROSS 1973, JENSEN/MECKLING 1976; HARRIS/RAVIV 1978.

zu können. Hierbei ist selbstverständlich zu berücksichtigen, dass auch die interne Koordination von Aktivitäten Transaktionskosten verursacht und entsprechende Anforderungen an die Managementkapazität der Organisation (Aufbau- und Ablauforganisation, Führungsstruktur und –verhalten) stellt.[1] Häufig sind es die gleichen – zu knappen – Managementkapazitäten, welche eine zufriedenstellende Koordination der Aktivitäten mit externen Partnern verhindern, die zugleich auch Zweifel daran nähren, dass die Organisation in der Lage sein wird, die Aktivitäten organisationsintern effektiv und effizient zu koordinieren.

Abb. 2 fasst die Stärken und Schwächen unterschiedlicher Organisationsformen der Beschaffung zusammen.

Abb. 2: Vor und Nachteile unterschiedlicher Beschaffungsvarianten[2]

Organisationsform	Stärken	Schwächen
Märkte	Starke Anreize zu Effizienzsteigerungen	Kein Schutz für transaktionsspezifische Investitionen
Kooperationen	Gewisser Schutz für Investitionen, marktähnliche Anreize	Verträge können nicht alle Umstände berücksichtigen
Vertikale Integration	Internalisierung von transaktionsspezifischen Investitionen	Weniger wirksame Kostenkontrolle als bei Märkten

Quelle: Eigener Entwurf 2005.

3.2 Transaktionskosten und Informationstechnologie

Elektronische Netzwerke können die Transaktionskosten sowohl innerhalb als auch im Verhältnis zu externen Partnern spürbar senken. Dabei könnte die Zunahme des Outsourcing seit den 1980er Jahren darauf hinweisen, dass die Transaktionskosten am Markt durch die Fortschritte in der Informationstechnologie absolut stärker gesunken sind, als die Kosten der internen Koordination von Aktivitäten.[3] Ob das in der Tat der Fall ist, lässt sich schwerlich mit Sicherheit sagen. Denkbar ist auch, dass andere Gründe eher den Ausschlag gegeben haben. Eine wesentliche Rolle dürften bei der öffentlichen Hand auch die seit den 1980er Jahren zunehmend angespannten Haushalte spielen, die die öffentlichen Verwaltungen – im Unterschied zu den Zeiten voller Kassen – dazu zwingen, konsequent Wirtschaftlichkeitsvergleiche zwischen interner Produktion und externer Beschaffung anzustellen und die kostengünstigere Form der Bereitstellung von Leistungen zu wählen.

In nicht wenigen Bereichen dürften die Fortschritte in der Informationstechnologie aber dazu beigetragen haben, dass die Möglichkeiten einer kostengünstigen Vernetzung von Wertschöpfungsaktivitäten zwischen der Verwaltung einerseits und privater Wirtschaft und Bürgern andererseits zugenommen haben. Prozesse der Informati-

---
[1] Vgl. WILLIAMSON 1990, S. 97-116.
[2] In Anlehnung an PINT/BALDWIN 1997.
[3] Vgl. CLEMONS et al. 1993; MAHE/PERRAS 1994, MALONE et al. 1987, 1989.

onsverarbeitung lassen sich heute leichter und sicherer als noch vor einigen Jahren über die Grenzen einer Verwaltungseinheit hinaus verlängern und integrieren. So können sowohl Aktivitäten von verschiedenen Verwaltungseinheiten miteinander vernetzt, als auch Verwaltungsaktivitäten mit vor- und nachgelagerten privatwirtschaftlichen Aktivitäten verknüpft werden. Im Zeitalter von eGovernment sind die Außengrenzen der Verwaltung zu Wirtschaft und Bürgern grundsätzlich nicht mehr so wohldefiniert wie ehemals.

Ähnliche Entwicklungen sind aus der Privatwirtschaft bekannt. Stichworte sind: B2B und B2C[1] sowie integrierte IT-Plattformen (ERP – Enterprise Resource Planning). Die Verknüpfung von Wertschöpfungsaktivitäten über die Unternehmensgrenzen hinweg, wird dort unter der Überschrift "Supply Chain Management" diskutiert und hat bereits vielerorts Prozesse revolutioniert.[2]

3.3 Niedrigere Herstellungskosten des externer Anbieter?

Kritiker des Outsourcing bezweifeln häufig, dass ein externer Anbieter eine Leistung kostengünstiger herstellen kann als die öffentlich Verwaltung selbst. Oder sie sind skeptisch gegenüber der Möglichkeit, dass der private Anbieter die Leistung so viel kostengünstiger produzieren kann, dass die u. U. höherer Transaktionskosten des Outsourcing noch gerechtfertigt erscheinen. Schließlich – so wird argumentiert – sei die Kostenstruktur privater Unternehmen in Teilbereichen sogar systematisch ungünstiger als die der öffentlichen Verwaltung. In diesem Zusammenhang wird auf die Ertragsteuerbelastung der privaten Unternehmen sowie die ungünstigeren Refinanzierungsmöglichkeiten von Privatunternehmen verwiesen (hohe Renditeansprüche der Eigenkapitalgeber und relativ ungünstige Kreditkonditionen verglichen mit öffentlichen Kreditnehmern). Sollten private Unternehmen angesichts dessen dennoch kostengünstiger produzieren können, sei dies auf bessere Managementpraktiken zurückzuführen. Es könne daher nicht um Outsourcing gehen, vielmehr sei der lohnendere Weg, die Führung und Organisation in der Verwaltung zu verbessern.

Die Argumente sind kaum von der Hand zu weisen; häufig dürften sie – zu Recht – mit dazu beitragen, dass Wirtschaftlichkeitsvergleiche zuungunsten von Outsourcing ausfallen. Wie die folgenden Überlegungen aber verdeutlichen sollen, repräsentieren sie durchaus nicht die volle Wahrheit und taugen daher nicht als Generaleinwand gegen Outsourcing.

---

[1] Business-to-Business (B2B), Business-to-Consumer (B2C).
[2] Für eine Überblick zum Supply-Chain-Management vgl. KRAJEWSKI/RITZMAN 2002, S. 497 – 531.

Zunächst ist zu berücksichtigen, dass ein externer Anbieter mit mehreren Abnehmern durch sein größeres Produktionsvolumen Kostenvorteile[1] gegenüber einer Organisation erzielen kann, die nur für den Eigenbedarf produziert:

- Er kann größere und bessere Anlagen anschaffen und auslasten (Fixkostendegression).
- Er kann mehr Spezialisten anwerben, anstellen und auch auslasten sowie intern herausbilden.
- Er kann (durch seine bedeutsamere Marktstellung) günstigere Lieferkonditionen an seinen Beschaffungsmärkten verhandeln.
- Er kann größere Summen in Forschung und Entwicklung investieren, da sich die Aufwendungen auch bei kleineren Effizienzgewinnen relativ rasch bezahlt machen.

Diese Vorteile haben nichts damit zu tun, dass es sich um den Vergleich eines privaten Unternehmens mit einer öffentlichen Verwaltung handelt. Diese Erwägungen können bei Outsourcing-Entscheidungen zwischen privaten Unternehmen gleichermaßen eine Rolle spielen.

Beim Outsourcing von Leistungen der öffentlichen Verwaltung auf private Unternehmen können weitere potentielle Kostenvorteile des Privaten die Entscheidung zugunsten des Outsourcing unterstützen. So ist das private Unternehmen nicht an das teils rigide öffentliche Dienst-, Personalvertretungs- und Tarifrecht gebunden und besitzt damit tendenziell größere Dispositionsfreiheit bei der Einstellung, Entlassung, Umbesetzung, Beförderung und Bezahlung seiner Arbeitskräfte.

Und schließlich: Die Produktionskostenvorteile des Privaten mögen auch daher rühren, dass das Unternehmen am Markt im Wettbewerb steht, während sich Verwaltungseinheiten in einer Monopolstellung gegenüber ihren Abnehmern befinden. Es ist grundsätzlich davon auszugehen, dass Wettbewerb Innovation und Kostendisziplin fördert.[2] Dieser Mechanismus kann in der öffentlichen Verwaltung nicht in gleicher Weise greifen.[3]

3.4 Public-Private-Partnerships

Bei Public-Private-Partnerships (PPP) handelt es sich – wie weiter oben bereits dargelegt – typischerweise um langfristige Verträge über ein Bündel von Leistungen und Gegenleistungen. Die Realisierung von potentiellen Effizienzgewinnen aus PPP erfordert regelmäßig, dass sich zumindest eine Partei bereit findet, in „transaktionsspezifisches" Kapital (z.B. spezielle Gebäude, Maschinen, Werkzeuge und spezifisches Know-how) zu investieren. Da sich transaktionsspezifisches Kapital bei einem Scheitern der Vertragsbeziehung nicht leicht in andere Verwendungen lenken lässt, ist sein Wert abhängig von der Fortdauer der Vertragsbeziehung. Entsprechend müssen PPP-Kontrakte den Parteien eine langfristig, sichere Planungsperspektive

---

[1] Aus Größeneffekten resultierende Kostenvorteile werden als „economies of scale" (Skaleneffekte) bezeichnet. Vgl. etwa KRAJEWSKI/RITZMAN 2002, S. 330 ff.
[2] Vgl. GINSBURG/MICHEL 1988; BESENKO et al. 1996.
[3] Zur Problematik von interkommunalen Leistungsvergleichen als Wettbewerbssurrogat vgl. KORTE et al. 2003.

und Schutz vor opportunistischem Verhalten der anderen Vertragspartei bieten. Ansonsten werden die transaktionsspezifischen Investitionen zu gering ausfallen und die potentiellen Effizienzgewinne aus PPP lassen sich nicht vollständig ausschöpfen – was sich letztlich zum Nachteil beider Parteien auswirken würde. Die Parteien müssen hinreichenden Schutz vor Vermögensschäden durch opportunistisches Verhalten der Gegenseite genießen; ansonsten wird sich eine für beide Seiten vorteilhafte Zusammenarbeit nicht entwickeln können.

PPP-Kontrakte sollten daher vorsehen, dass entsprechende Steuerungs- und Überwachungsmechanismen in das Vertragsverhältnis eingebaut werden, um Lücken im Vertrag zu schließen, Streitigkeiten beizulegen und bestimmte Anforderungen wechselnden Umständen anpassen zu können. Sie sollten auch Regelungen enthalten, die darauf abzielen, transaktionsspezifische Investitionen im Falle einer (vorzeitigen) Vertragsbeendigung zu schützen. Bereits im Vorhinein sollten die Vertragsparteien Informationen über die Zuverlässigkeit und Reputation der Gegenseite einholen, um möglicherweise sensible Aspekte in der Vertragsverhandlungen angemessen berücksichtigen zu können resp. zu risikobehaftete Vertragsverhältnisse gar nicht erst einzugehen.

Auch die ausgefeiltesten Vertragskonstrukte können jedoch keinen vollständigen Schutz vor opportunistischen Verhalten der anderer Vertragspartei bieten: PPP-Kontrakte bleiben notwendigerweise unvollständig. Es kommt daher darauf an, dass die Parteien eine vertrauensvolle Zusammenarbeit kultivieren und Vertragslücken im gegenseitigen Einvernehmen schließen. Eine langfristig gedeihliche Zusammenarbeit kann sich nur dann entwickeln, wenn die Parteien die gegenseitige Gewissheit haben, dass nicht eine Partei danach trachtet, Vertragslücken auszunutzen, indem sie sich durch opportunistisches Verhalten einen (kurzfristigen) Vorteil zulasten der anderen Partei verschafft.

Der Wunsch Risiken zu vermeiden, kann leicht zu einer übermäßigen oder unsachgerechten Regulierung führen. Eine übermäßige Regulierung äußert sich in sehr komplexen Vertragskonstrukten, bei denen die Aufwendungen für die Vertragsgestaltung und das Vertragsmanagement (sprich: die Transaktionskosten) in keinem vernünftigen Verhältnis zum Nutzen der Kooperation mehr stehen. Eine übermäßige Regulierungsdichte kann kontraproduktiv auf die Zusammenarbeit wirken, indem sie durch komplizierte und lange Entscheidungsverfahren Aktivitäten lahm legt oder ein Klima gegenseitigen Misstrauens begünstigt.

Als unsachgerecht sind hingegen Regelungen anzusehen, die sich nicht darauf konzentrieren, das „Was" der Leistungserstellung zu definieren, sondern sich auch darauf erstrecken, das „Wie" festzulegen resp. zum Gegenstand gemeinsamer Abstimmungsverfahren zu machen. Ein wesentlicher Vorteil von PPP für den Staat ist es, dass er den privaten Partner verpflichten (haftbar machen) kann, zu festgelegten Zeiten Leistungen in bestimmter Menge und Qualität zu liefern. Im Gegenzug erhält der Private vom Staat die Zusage auf ein bestimmtes Leistungsentgelt bei vertragsgerechter Lieferung. Der Staat überträgt damit Risiken der Leistungserstellung auf den Privaten. Je weiter nun die Handlungsspielräume des Privaten auch hinsichtlich des „Wie" der Leistungserstellung eingeschränkt werden, um so weniger wird er geneigt sein, Risiken zu übernehmen resp. um so höher wird die Risikoprämie sein, die er als Bestandteil des Entgelts verlangt. Der Staat wird die Leistung also um so günstiger erhalten, je weniger er die Handlungsspielräume des Privaten bei der Leistungserstellung einschränkt. Im (Eigen-) Interesse an einem kostengünstigen Bezug von Leistungen sollte der Staat es daher dem Privaten ermöglichen (und letztlich von ihm verlangen), auf Risiken der Leistungserstellung flexibel und mit Verfahrens- und Produktinnovationen zu reagieren.

Die Risiken sollten nach der Maßgabe auf die Partner verteilt sein, dass jeder Partner die Risiken trägt, für die er die höchste Risikomanagementkompetenz (Beurteilung, Kontrolle, Beherrschung der Risiken) besitzt. Wenn der Private bestimmte Leistungsrisiken besser managen kann als der Staat, heißt das im Ergebnis, dass sich die Leistungserstellung kosteneffizienter durchführen lässt, indem der Staat diese Risiken auf den Privaten überträgt. Der Zugang zu der Risikomanagementkompetenz des privaten Unternehmens verschafft dem Staat also relativ kostengünstig zusätzliche Planungssicherheit. So sollte der Staat prinzipiell die Risiken aus Gesetzesänderungen und Regulierungsmaßnahmen tragen. Davon unberührte Planungs-, Bau- und Betriebsrisiken sollten jedoch vom Privaten getragen werden, sofern und insoweit sie von ihm direkt beeinflusst werden können.

4 Kritische Erfolgsfaktoren

4.1 Wirtschaftlichkeitsvergleich

Entscheidet sich die öffentliche Verwaltung dafür (oder auch dagegen!) neue Beschaffungswege zu bestreiten, sollte sie ihre Entscheidung in jedem Fall nachvollziehbar begründen können. Unter Wirtschaftlichkeitsgesichtspunkte sind dabei die folgenden vier Aspekte zu unterscheiden: Qualität, Flexibilität, Zeit und Kosten.[1]

Hinsichtlich der Qualität sind zwei Aspekte zu berücksichtigen: Zum einen sind die fremd zu beziehenden Leistungen hinsichtlich ihrer zugesagten Qualitätsmerkmale mit den selbst erzeugten Leistungen zu vergleichen. Zum anderen ist die Zuverlässigkeit zu prüfen, mit der bestimmte Qualitätsstandards erfüllt werden. So sollte in Betracht gezogen werden, dass sich Qualitätsstandards bei externer Beschaffung mit den Mitteln des Vertragsrechts möglicherweise besser durchsetzen lassen als bei der Eigenerzeugung von Leistungen. Der Staat kann sich im Rahmen von PPP darauf konzentrieren, die Einhaltung von Liefer- und Qualitätsstandards zu überwachen und mit Bonus-/Malus-Systemen zu steuern.

Unter Flexibilitätsgesichtspunkten geht es zum einen um die Frage, ob sich eine Leistung an individuelle Kundenwünsche anpassen lässt (customizing). Zum anderen ist zu vergleichen, wie sich die möglichen Bezugskosten zu den Kosten der Eigenerstellung verhalten, wenn gegebenenfalls zusätzliche Mengen der Leistung benötigt werden oder auch der Bedarf abnimmt. Bedingt durch fixe Kosten der Produktion steigen beispielsweise bei der Eigenerstellung von Leistungen die Stückkosten, wenn die Produktion eingeschränkt wird. Der Bezugspreis an Markt könnte hingegen

---

[1] Zu den Kategorie Kosten, Qualität, Flexibilität und Zeit vgl. allgemein KRAJEWSKI/RITZMAN 2002, S. 37 – 41. Alternativ oder ergänzend können Wirtschaftlichkeitsvergleiche auch im Kontext der „Balanced Scorecard" durchgeführt werden. Zur Balanced Scorecard vgl. KAPLAN/NORTON 1997 sowie Horvath & Partner 2001.

konstant bleiben (im Falle eines allgemeinen Nachfragerückgangs könnte er sogar sinken).

Auch zeitliche Aspekte können beim Vergleich von unterschiedlichen Beschaffungsvarianten eine wichtige Rolle spielen. In diesem Kontext geht es um die Lieferschnelligkeit, -pünktlichkeit und die Entwicklungszeit für neue Produkte und Leistungen.

Für die öffentliche Verwaltung stehen häufig Kostenaspekte im Vordergrund. Ein Kostenvergleich sollte stets Bestandteil eines Wirtschaftlichkeitsvergleich sein, auch wenn es grundsätzlich nicht sachgerecht ist, Wirtschaftlichkeitsvergleiche nur unter Kostenaspekten durchzuführen. Eine rationale Entscheidung zwischen zwei Optionen setzt voraus, dass die jeweiligen Kosten ermittelt werden – und sei es, um festzustellen, dass materielle Unterschiede bei den Kosten nicht bestehen und daher andere Erwägungen den Ausschlag geben müssen. Selbst wenn sich herausstellt, dass die Kosten einer Option voraussichtlich deutlich niedriger sind als die einer anderen Option, können andere Erwägungen die Entscheidung dominieren. Die Aufgabe der Kostenrechnung ist es nicht, Entscheidungen für die Verwaltungsführung zu treffen; sie sollte vielmehr sicherstellen, dass die Verwaltungsführung Entscheidungen informiert und in Kenntnis der Kosten trifft.[1]

Selbst zunächst einfach anmutende Kostenvergleiche zwischen einer Fortsetzung der Eigenerstellung einerseits und dem Fremdbezug der Leistung via einer einfachen Markttransaktion andererseits, können sich als anspruchsvolle kostenrechnerische Übungen herausstellen. Auf einige Aspekte, die in diesem Zusammenhang wichtig erscheinen, sei nachfolgend kurz hingewiesen.

Die gedankliche und kostenrechnerische Vorwegnahme alternativer Beschaffungsvarianten für zukünftige – nicht selten sehr ausgedehnte – Zeiträume ist naturgemäß mit Prognoseunsicherheiten hinsichtlich der zukünftigen Ausprägungen (mutmaßlich) kostenbeeinflussender Faktoren sowie deren Auswirkungen auf die Mengen und Werte der verbrauchten Ressourcen behaftet. Entsprechend sollten Sicherheitsmargen in die Kalkulation eingebaut werden und Sensitivitätsanalysen vorgenommen werden, um zu sehen, wie sich das Ergebnis verändert, wenn die Ausprägungen gewisser Einflussgrößen variiert werden.

Die Analyse historischer Kostendaten kann Aufschluss über gewisse Wirkungszusammenhänge geben; die Daten sollten jedoch nicht unreflektiert fortgeschrieben werden. Bei einer Entscheidung zwischen der Eigenerstellung und dem Fremdbezug von Strom wäre beispielsweise zu berücksichtigen, dass sich die Bezugskosten erhöhen könnten, wenn in Zukunft damit zu rechnen ist, dass Kraftwerke stillgelegt werden oder die allgemeine Nachfrage steigt.

Die in Rede stehende Outsourcing-Lösung sollte zudem nicht ohne Weiteres mit den historischen Kosten der Eigenerstellung verglichen werden. Vielmehr sollte zunächst geprüft werden, ob und inwieweit sich die Eigenerstellung möglicherweise kosteneffizienter als bislang durchführen lässt und wie hoch die mit den effizienzverbessernden Maßnahmen verbundenen Kosten wären.[2]

---

[1] Vgl. BISMAN 1999.
[2] Vgl. BISMAN 1999.

Um die Frage zu beantworten, welche Beschaffungsoption voraussichtlich die kosteneffizienteste ist, müssen die relevanten Kosten identifiziert und geschätzt werden. Relevante Kosten sind nur diejenigen Kosten, welche von den Handlungsparametern eines Entscheidungsproblems abhängig sind; Kosten, die durch die Entscheidung nicht beeinflusst werden, zählen nicht zu den relevanten Kosten. Relevante Kosten der Eigenerstellung sind jene Kosten, welche durch die Eigenstellung zusätzlich hervorgerufen werden; oder andersherum ausgedrückt: welche bei einer Beendigung der Eigenerstellung eingespart werden könnten. Unvermeidbare fixe Kosten beispielsweise, welche unabhängig davon bestehen, ob die Leistung selbst erstellt oder von einem externen Anbieter bezogen wird, gehören demnach nicht zu den relevanten Kosten und sind in einem Kostenvergleich zu ignorieren. Inwieweit Fixkosten als unvermeidlich einzustufen sind, hängt häufig vom Zeithorizont der Betrachtung ab. Bestimmte Fixkosten lassen sich zwar kurzfristig nicht abbauen (Remanenzen), bei längerfristiger Betrachtung bekommen sie aber den Charakter abbaubarer variabler Kosten.[1]

Konkurriert die Nutzung bestimmter – kurzfristig nicht vermehrbarer – Ressourcen für die Eigenerstellung einer Leistung resp. das Management von externen Beschaffungsvorgängen in der Verwaltung mit der Nutzung dieser Ressource für andere Zwecke (sog. „Flaschenhälse"), sind als relevante (kurzfristige) Kosten einer bestimmten Ressourcendisposition ggf. die Opportunitätskosten zu berücksichtigen. Die Opportunitätskosten repräsentieren den entgangenen Nutzen aus der besten alternativen Verwendung der Ressource. Beispielsweise könnte die Nutzung des in der Verwaltung vorhandenen betriebswirtschaftlich-juristischen Know-hows für das Management eines neuen Outsourcing-Vertrages mit der Nutzung dieses Know-hows für das Management bereits vorhandener Verträge mit externen Anbietern konkurrieren. Als Opportunitätskosten des neuen Vertrages wären dann die Nachteile zu berücksichtigen, die sich für die Verwaltung aus der weniger sorgsamen Überwachung und Steuerung der bereits bestehenden Beziehungen zu externen Anbietern ergeben könnten.[2]

Ein Wirtschaftlichkeitsvergleich bezieht sich immer auf bestimmte Gestaltungsalternativen. Bei der Auswahl der zu untersuchenden Gestaltungsalternativen sollte gegebenenfalls auch ein partielles Outsourcing in Betracht gezogen werden. Möglicherweise lassen sich einige negative Effekte sowohl einer reinen Outsourcing-Lösung als auch einer kompletten Eigenerstellung vermeiden, wenn die Organisation sich dafür entscheidet, sowohl interne als auch externe Bezugsquellen zu nutzen. Können die internen Abnehmer der Leistung zwischen der internen und der externen Bezugsquelle wählen, entsteht zwischen den internen Stellen der Leistungsproduktion und dem externen Anbieter eine Wettbewerbssituation. Dadurch werden innerhalb der Verwaltung Anreize zu Kostendisziplin und Innovation geschaffen. Andererseits kann es helfen, eine Basisversorgung mit bestimmten Leistungen zu sichern, wenn die interne Produktion in gewissem Umfang beibehalten wird. Außerdem reduziert sich die Abhängigkeit von der externen Bezugsquelle – insbesondere dann, wenn der Anbieter am Markt nicht mit anderen Unternehmen im Wettbewerb steht, was bei stark individualisierten Leistungen regelmäßig der Fall ist. Durch die Aufrechterhaltung der internen Produktion stärkt die Verwaltung ihre Verhandlungsposition und setzt den externen Anbieter unter Wettbewerbsdruck.[3]

---

[1] Vgl. KEE/ROBBINS 2003. KAPLAN/ATKINSON 1998.
[2] Vgl. KEE/ROBBINS 2003, BAKKE/HELLBERG 1991.
[3] Vgl. PINT/BALDWIN 1997.

4.2 Outsourcing und Organisationskultur

Organisationskultur bezeichnet die Eigen- oder Einzigartigkeit im Verhalten einer Organisation resp. ihrer Mitglieder, die sich nicht oder nicht hinreichend mit sichtbaren organisatorischen Regeln oder objektiven Umständen innerhalb oder außerhalb der Organisation erklären lässt. Oberflächlicher Ausdruck der Organisationskultur können bestimmte Zeichen und Symbolen sein. Die eigentliche Basis der Organisationskultur ist aber unmittelbar nicht sichtbar; sie besteht aus gemeinsamen Grundannahmen, Werten und Normen, die das Denken und Handeln der Mitglieder – ohne dass dieses den Mitgliedern für gewöhnlich bewusst ist – steuern oder beeinflussen. Eine die Mitglieder der Organisation verbindende Kultur ist dabei das Ergebnis eines langfristigen, kollektiven Lernprozesses.[1]

Prägend für die Organisationskultur der Verwaltungen dürfte in weiten Teilen noch das Bürokratiemodell sein. Es ist gekennzeichnet durch eine ausgeprägte Hierarchisierung und eine Konditionalsteuerung der Abläufe und wird u. a. noch mit den folgenden Merkmale in Verbindung gebracht:[2]

- Alimentationsprinzip,
- analytisches Vorgehen und Risikoaversion,
- Misstrauen und Kontrolle,
- Wandel wird eher als Bedrohung angesehen,
- Innenorientierung, Tendenz zur Abschottung und Kommunikation in festgelegten Kanälen.

Outsourcing hingegen ist essentiell mit dem Gedanken des Kontraktmanagements und einer ergebnisorientierten Steuerung als Kernelementen des „Neuen Steuerungsmodells" verbunden. Die propagierten Stilelemente des Neuen Steuerungsmodells lassen einen positiven Umgang mit Outsourcing wesentlich eher erwarten als die oben genannten Merkmale des Bürokratiemodells. Kontrastierend zum Bürokratiemodell seien hier die folgenden Kennzeichen des Neuen Steuerungsmodells genannt:[3]

- Leistungsorientierte Entgelte,
- Bereitschaft Experimente durchzuführen und kontrollierte Risiken einzugehen,
- gegenseitiges Vertrauen,
- Wandel wird auch als Chance begriffen,
- nach außen offene und vernetzte Kommunikation.

Eine Kultur der neuen Steuerung hat sich in den Verwaltungen noch nicht flächendeckend etablieren können. Es muss daher angenommen werden, dass die vorhandene Kultur in den Verwaltungen nicht selten wesentliche Defizite im Hinblick auf eine positive Handhabung von Outsourcing aufweist. Das ist keine Kritik an den Mitarbeiterinnen und Mitarbeitern der Verwaltung; die festgestellten Defizite sind

---

[1] Vgl. insbesondere SCHEIN 1985, für einen Überblick zu unterschiedlichen Konzepten der Organisationskultur vgl. HUCZYNSKI/BUCHANAN 2001, S. 622 – 655.
[2] Zu den folgenden Kriterien vgl. OECHSLER/VAANHOLT 1998; SCHEDLER/PROELLER 2003; REICHARD 1995.
[3] Vgl. im folgenden wiederum: OECHSLER/VAANHOLT 1998; SCHEDLER/PROELLER 2003; REICHARD 1995 sowie SATTELBERGER 1991.

vielmehr das Ergebnis bisheriger Strukturen und einer langen Historie kultureller Formung.

Kulturelle Veränderung können aber nur über einen längerfristigen Prozess gestaltet werden. Kultur lässt sich nicht kurzfristig und auch nicht "direkt" ändern; vielmehr muss auf einer Meta-Ebene gearbeitet werden: Um Änderungen der Basisannahmen zu unterstützen, müssen nachhaltige Veränderungsimpulse und dauerhaft wirksame institutionalisierte Lernprozesse (etwa Vorgesetzten-Feedback, Führungskräfte-fortbildung, Personalentwicklung u. a.) in Gang gesetzt werden.

SCHEIN unterscheidet bei den Mechanismen, die zur Transformation kulturprägender Grundauffassungen der Mitarbeiter eingesetzt werden können, zwischen primären und sekundären Mechanismen.[1]

Bei den primären Mechanismen unterscheidet SCHEIN folgende Instrumente und Prinzipien:

- Systematische Auswahl und Betonung der Vorgänge, denen der Führer seine besondere Aufmerksamkeit zuzuwenden gedenkt,
- Art der Reaktion bei kritischen Ereignissen und in Krisensituationen,
- Gestaltung des Anreiz-, Beförderungs- und Statussystems sowie
- Prinzipien bei der Auswahl neuer Mitarbeiter.

Sekundäre Mechanismen sind im wesentlichen formalisierte Regelungen. Sie wirken jedoch nur dann, wenn sie in Einklang mit den primären Mechanismen, insbesondere mit dem, was der Führer vorlebt und demonstriert, stehen.[2]

Zu den sekundären Mechanismen sind vor allem zu zählen

- die Organisationsstruktur,
- das Berichtswesen sowie das System festgelegter Richtlinien und Regelungen sowie
- Satzungen und Führungsgrundsätze.

Outsourcing kann zu weitreichenden strukturellen Veränderungen innerhalb einer Organisation und im Verhältnis der Organisation zu seiner Umwelt führen. Outsourcing kann sich potentiell auf alle Aspekte der Tätigkeit eines einzelnen Mitarbeiters auswirken:

- seine Bezahlung,
- seine Karriereaussichten,
- die Art seiner Tätigkeit,
- wer sein Vorgesetzter ist,
- wer seine Kollegen sind,
- wo sein Arbeitsplatz ist,
- wer sein Dienstherr/Arbeitgeber ist.

---

[1] Vgl. SCHEIN 1985, S. 223 ff.
[2] Vgl. SCHEIN 1985, S. 237

Zwar sind Entlassungen im öffentlichen Sektor unüblich, und viele Mitarbeiter verstehen, dass Outsourcing nicht persönlich gegen sie, sondern vielmehr unternommen wird (werden muss), um die Effizienz der Organisation zu erhöhen. Dennoch können Outsourcing-Initiativen zu einer erheblichen Verunsicherung der Mitarbeiter führen, Ängste und Abwehrreaktionen hervorrufen, die Mitarbeiter demoralisieren und ihre Loyalität gegenüber der Organisation untergraben. Die Produktivität der Mitarbeiter könnte im Zuge dessen sinken und die Fluktuation zunehmen.[1]

Outsourcing-Entscheidungen, die sich nur auf (vordergründige) ökonomische Erwägungen stützen, die u.U. aber bedeutsameren und weitreichenden psychologischen und sozialen Aspekte ausklammern, können die Effizienz einer Organisation langfristig beeinträchtigen und schwerer wiegen als mögliche kurzfristige ökonomische Gewinne: Es besteht die Gefahr, dass die hergebrachte Organisationskultur erschüttert wird, ohne dass sich aber eine neue positive Organisationskultur etablieren kann.[2]

Damit es hierzu nicht kommt, sollte Outsourcing sorgfältig geplant, innerhalb der Organisation positiv kommuniziert und effizient implementiert werden. Der Prozess sollte möglichst beispielhaft sein für eine positive Politik des kulturellen Wandels. Die Verwaltungsführung trägt die Verantwortung dafür, dass die Mitarbeiter die Organisationsziele verstehen und sich mit ihnen identifizieren. Sie sollte die Vorteile des Outsourcing für die Organisation insgesamt klar darlegen können und offen kommunizieren.

Die Mitarbeiter sind von Anfang an planmäßig in den Prozess einzubinden: Sie sollten laufend informiert werden, ermuntert werden, Kritik zu äußern, und mitentscheiden können. Das Ziel sollte es sein, eine Situation zu schaffen, in der sowohl die Organisation als auch die Mitarbeiter gewinnen können.

Glaubhaft vermitteln lässt sich die Politik aber nur dann, wenn sie auch organisationsweit umgesetzt wird und sich der kulturelle Wandel insbesondere in der allgemeinen Personal(entwicklungs)politik widerspiegelt. So sollte sich etwa die Auswahl und Beurteilung von Vorgesetzten (durch ihre Vorgesetzten) nicht ausschließlich an der Fachkompetenz orientieren, sondern ebenso die Managementqualitäten der Führungskräfte mit einschließen. Dabei geht darum, inwieweit die Führungskraft „steuert statt rudert", Erfolg durch andere statt durch eigene Entscheidungen bewirkt und entsprechende soziale, Persönlichkeits- und konzeptionelle Kompetenz zeigt. Auch die Beurteilung von Vorgesetzten durch die unterstellten Mitarbeiter, kann Ausdruck und Mittel des Kulturwandels sein, indem sie die Kommunikation zwischen den hierarchischen Ebenen fördert und die Vorgesetzten zwingt, sich mit der Frage auseinander zu setzen, wie die Mitarbeiter die Führung einschätzen.[3]

---

[1] Vgl. ALLCORN 1989, 1995; VAIL 1989.
[2] Vgl. ROUSSEAU 1989; ROUSSEAU/GRELLER 1994; DE VRIES/BALAZS 1997; HEIN 1997.
[3] Vgl. auch SCHEYÖGG 2004, SATTELBERGER 1991.

4.3 Vertragsmanagement

Outsourcing-Arrangements, die zunächst vorteilhaft erscheinen, können sich leicht als nachteilig erweisen, wenn sie schlecht ausgehandelt und gemanagt werden. Eine große Zahl von Outsourcing-Projekten – das gilt für die öffentliche Hand und private Firmen gleichermaßen – funktionieren in den Augen der Beteiligten nicht zufriedenstellend. Eine Studie des Instituts der Deutschen Wirtschaft hat ergeben, dass in über 60 Prozent der Fälle bereits in den ersten zwei Jahren ernsthafte Vertragsprobleme auftreten. Zwar lassen sich die Probleme häufig lösen, ein Drittel aller Outsourcing-Verträge wird aber von den Vertragsparteien als ultimativ gescheitert eingestuft.[1]

Unzureichendes Vertragsmanagement der öffentlichen Hand im Zusammenhang mit Outsourcing kann in ungünstigen Fällen zu schlechteren Leistungen oder höheren Kosten als vorher führen. Öffentliche Kritik, Häme oder Entrüstung sind dann häufig die Folge. Die Herausforderungen des Vertragsmanagements liegen allgemein darin, die Risken und Chancen des Vertragsverhältnisses zu identifizieren und sie aktiv zu managen. Die Anforderungen eines effektiven und effizienten Vertragsmanagements sollten dabei bereits in der Phase der Vertragsanbahnung und -verhandlung Berücksichtigung finden.[2]

Nachdem der potentielle Vertragspartner auf seine Leistungsfähigkeit und Zuverlässigkeit hin überprüft wurde, geht es in den Vertragsverhandlungen darum, die Rechte und Pflichten sowie Art, Umfang und Lieferzeitpunkte der Leistungen klar zu spezifizieren. Festgelegt werden sollten dabei auch die Verfahren, Objekte und Kennzahlen mit denen sich die spätere Vertragserfüllung überwachen und steuern lässt.[3]

Öffentliche Einrichtungen sollten berücksichtigen, dass ein zielführender Ausschreibungs- und Verhandlungsprozess zwar straff geführt werden sollte, aber dennoch sehr viel Zeit beanspruchen kann. Häufig versuchen Organisationen die Prozesse der Angebotseinholung, -prüfung und Vertragsverhandlung in eine unrealistisch kurze Zeitspanne zu pressen. Outsourcing-Kontrakte können sehr komplex sein: Die Parteien sollte sich daher ausreichend Zeit für Prüfungen, Diskussionen und Verhandlungen nehmen, um das vertragliche Fundament für die Zukunft belastbar zu gestalten. Es kann keine Faustregel geben, wie lange ein Vergabeprozess dauern sollte. Neben Strukturmerkmalen der Vertragspartien (Größe, Rechtsform, Organisationsstruktur u.a.), dem rechtlichen und sozioökonomischen Umfeld, Gegenstand und Dauer der Vereinbarung wird viel auch von der Motivation der Beteiligten und davon abhängen, wie gut die Parteien vorbereitet sind. Die Verwaltung sollte in jedem Fall Zeitpolster in den Vergabeprozess einbauen, da üblicherweise Sachverhalte auftreten, an die zuvor nicht gedacht wurde und deren Behandlung zusätzliche Zeit in Anspruch nimmt. Werden unter dem Diktat einer (zu) schnellen Einigung bestimmte Sachverhalte zunächst vertraglich ausgeklammert, können sich hieraus spätere Vertragsstreitigkeiten ergeben, die häufig schwierig zu lösen sind.[4]
In den Verträgen gilt es, ein Gleichgewicht zu finden zwischen einer zu lückenhaften Vorgabe von Leistungsstandards einerseits und einer Überregulierung der Vertragsbeziehung andererseits. Beide Szenarien können sich als unnötig kostentreibend

---
[1] Vgl. Institut der Deutschen Wirtschaft 2001.
[2] Vgl. BARRETT 2001; LOUNSDALE/COX 1998.
[3] Vgl. WHITE/JAMES 1997; KLIEM 1999.
[4] Vgl. DECKELMANN 2003; O'LOONEY 1998.

herausstellen. In dem einen Fall ist für die Verwaltung nicht sichergestellt, dass der private Partner seine Ressourcen tatsächlich so verwendet, um die Ziele zu erreichen, die der Verwaltung wirklich wichtig erscheinen. Im anderen Fall lässt die Vereinbarung dem externen Partner möglicherweise zu wenig Spielraum, um mit Verfahrens- und Produktinnovationen auf Leistungsrisiken reagieren zu können, was letztlich dazu führt, dass sich der angebotene Preis des Externen unnötig erhöht.

Sollen oder müssen bestimmte Aspekte der Zusammenarbeit einer genaueren, späteren Regelung vorbehalten werden, kann es hilfreich sein, wenn die Parteien ihre grundlegenden Einstellungen, Erwartungen und Absichten in einer gemeinsamen Absichtserklärung (sog. „memorandum of understanding") bekunden. Es kann sinnvoll sein, ein solches Memorandum bereits mit oder kurz nach Eintritt in die Vertragsverhandlungen zu formulieren, um sicherzustellen, dass zwischen den Parteien ein gemeinsames Grundverständnis der angestrebten Zusammenarbeit herrscht.

Ein adäquates Vertragswerk ist die Basis einer erfolgversprechenden Zusammenarbeit zwischen der Verwaltung und einem externen Partner. Zur Sicherung der Erfolges bedarf es aber zusätzlich einer laufenden Überwachung und Steuerung der Leistungsbeziehung. Hierzu ist ein Informationssystem notwendig, mit dem sich die tatsächlich gelieferten Leistungen des externen Partners mit den vertraglich vereinbarten Leistungen vergleichen lassen. Leistungsstörungen – auch solche die noch nicht eingetreten, sich aber mit einiger Sicherheit prognostizieren lassen – müssen so früh wie möglich erkannt werden, um rechtzeitig geeignete Maßnahmen ergreifen zu können. Grundvoraussetzung für eine adäquate Leistungsüberwachung ist, dass der Vertrag inter-subjektiv vergleichbare Leistungsziele sowie Regelungen zu den in diesem Zusammenhang relevanten Prozessen der Informationsbeschaffung und -verarbeitung enthält.

Für die Steuerung der Leistungsbeziehung kommt es auch darauf an, dass der Vertrag Regelungen enthält, wie mit festgestellten Leistungsstörungen umgegangen wird. Entsprechende Mechanismen müssen in den Vertrag eingebaut sein. Es ist nicht sachgerecht, wenn eine Partei nur die Möglichkeit hat, mit der Kündigung des Vertrages zu drohen, wenn Leistungsabweichungen festgestellt werden. Benötigt wird vielmehr ein robustes Rahmenwerk, dass Problemlösungsverfahren, Leistungsanreize und Sanktionen beschreibt, mit denen sich das Leistungsverhältnis langfristig erfolgreich steuern lässt.[1]

Um sicherzustellen, dass das Vertragsmanagement effizient und effektiv ist, müssen öffentliche Einrichtungen über entsprechend qualifiziertes und erfahrenes Personal verfügen oder sich dieses Know-how wiederum extern beschaffen. Ein effizientes Vertragsmanagement stellt durchweg sehr weitreichende und über den Lebenszyklus des Vertrages hinweg teils unterschiedlich Anforderungen. Relevante Qualifikationen im Zusammenhang mit dem Vertragsmanagement umfassen u. a.: betriebswirtschaftlich-kaufmännisches Know-how, Verhandlungstechnik, Projektmanagement sowie technisches, vertrags- und gesellschaftsrechtliches Know-how.[2] Diese Anforderungen sind für die öffentliche Verwaltung häufig eher ungewohnt. Das mag ein Grund

---

[1] Vgl. BARRETT 2001.
[2] Vgl. BARRETT 2001; O'LOONEY 1998.

sein, weshalb Outsourcing-Kontrakte in der öffentlichen Verwaltung nicht selten auf Schwierigkeiten stoßen.[1]

Sofern und insoweit es Potential für erfolgversprechendes Outsourcing in der öffentlichen Verwaltung gibt, sind die Voraussetzungen, dieses Potential heben zu können, günstiger, wenn entsprechende Vertragsmanagement-Qualifikationen in der Verwaltung zukünftig verstärkt ausgebildet und vorgehalten werden. Hierzu ist die öffentliche Verwaltung vielleicht auch deshalb stärker angehalten als private Firmen, weil die Verwaltungen im Fokus der kritischen Öffentlichkeit stehen.

5 Zusammenfassung und Folgerungen

Durch Outsourcing lassen sich in den Verwaltungen vermutlich vielerorts Effizienzgewinne erzielen. Das legen theoretische Überlegungen und die Erfahrung nahe. Vertikale Integration ist eine Möglichkeit, aber nicht unter allen Umständen und Gesichtspunkten immer die beste Möglichkeit, Transaktionen zu organisieren. Generelle Aussagen zur Vorzüglichkeit von Outsourcing kann es nicht geben. Immer sollte auf die konkreten Umstände des Einzelfalls abgehoben werden. Faktoren, die die Entscheidung beeinflussen können oder sollten, sind vielfältig. Outsourcing ist immer auch eine Entscheidung unter Unsicherheit. Das spricht jedoch nicht gegen Outsourcing: Vielmehr handelt es sich bei der Entscheidung gegen Outsourcing und für eine Fortsetzung der Eigenerstellung notwendigerweise auch um eine Entscheidung unter Unsicherheit.

Vor dem Hintergrund des immensen Investitionsbedarfs in weiten Teilen der öffentlichen Infrastruktur konzentriert sich die Diskussion um Outsourcing in jüngster Zeit zunehmend auf Public-Private-Partnerships. Möglichkeiten, in denen PPP eine erfolgversprechende Lösung darstellen kann, sollten immer – auch unabhängig von aktuellen Haushaltsnotständen – ernsthaft geprüft und gegebenenfalls umgesetzt werden. Dabei geht es in jedem Einzelfall um eine Abwägung der Chancen und Risiken. Eine generelle Front zwischen Befürwortern und Kritikern von PPP kann es von der Sache her nicht geben. Dass PPP für den Staat nicht zum Abenteuer werden darf, sollte selbstverständlich sein. Auf einige Punkte sei dennoch nachfolgend kurz hingewiesen.

Die Entscheidung für PPP sollte nicht in erster Linie durch kurzfristige Liquiditätsgesichtspunkte motiviert sein. Die Wirtschaftlichkeit der Maßnahme ist vorab sehr sorgfältig zu prüfen. Vor allem sollte sich die Prüfung über die gesamte Lebensdauer der Maßnahme erstrecken und neben finanziellen Aspekten auch die Qualität und weitere Aspekte der Leistung (Flexibilität, Zeit) berücksichtigen (Stichwort: „value for money").

PPP erfordert darüber hinaus eine sehr sorgfältige und sachkundige Vorbereitung sowie eine straffe Durchführung der entsprechenden Vergabeverfahren. Nicht immer werden dabei die folgenden Aspekte ausreichend berücksichtigt:

- Die Vergleichbarkeit der Angebote ist durch klare Vorgaben in essentiellen Belangen und strukturierte Leistungsabfragen zu sichern; trotzdem sollte aber

---
[1] Vgl. WALSH 1991; United States General Accounting Office 1997.

Freiraum für Innovationen der privaten Partner gelassen werden, denn darauf kommt es letztlich an.

- Die Verantwortlichkeiten, Ansprechpartnern und Entscheidungswege für die erforderlichen Zwischenentscheidungen in den einzelnen Prozessphasen sollten klar definiert sein.

- Es sollte gewährleistet sein, dass ausreichende Ressourcen der öffentlichen Hand für die Informationsbeschaffung, Beantwortung von Bieterfragen, Durchführung von Anlagenbegehungen etc. vorhanden sind.

- PPP-Projekte verursachen relativ hohe Kosten im Vergabeprozess. Die Wirtschaftlichkeit der Maßnahme setzt daher auch ein ausreichend großes Auftragsvolumen voraus.

Und schließlich: Nachdem das Public-Private-Partnership errichtet ist, muss sicher gestellt sein, dass das Vertragsverhältnis über die gesamte Lebensdauer professionell gemanagt wird. Risikomanagement ist hier das entscheidende Stichwort. Es liegt in der Natur der Sache, dass PPP-Verträge nicht alle Umstände, die über eine Vertragslaufzeit von häufig bis zu 20 Jahren und länger auftreten können, dezidert regeln können. Risiken müssen daher frühzeitig erkannt und mit geeigneten Maßnahmen kontrolliert werden. Hierzu sollten die Kommunikations- und Entscheidungswege innerhalb der Verwaltung und zwischen der Verwaltung und dem privaten Partner klar definiert sein und auch genutzt werden.

Literatur

ALCHIAN, Armen/DEMSETZ, H.: Production, information costs, and economic organization, American Economic Review, 62, 1972, S. 777.

ALLCORN, S.: Understanding groups at work, Personnel, Vol. 66 No. 8, 1989, S. 28-36.

ALLCORN, S.: Understanding organizational cultures as the quality of workplace subjectivity, Human Relations, Vol. 48 No. 1, 1995, S. 73-96.

ARROW, Kenneth J.: The organisation of economic activity: Issues pertinent to the choice of market versus nonmarket allocation, in: The Analysis and Evaluation of Public Expenditure: The PPB System, Band 1. U.S. Joint Economic Committee, 91st Congress, 1st Session, Washington, D.C., 1969, S. 59.

BAKKE, N./HELLBERG, R.: Relevance Lost? A Critical Discussion of Different Cost Accounting Principles in Connection with Decision Making for Both Short and Long Term Production Scheduling, International Journal of Production Economics, Vol. 24, 1991, S. 1-18.

BARRETT, Pat: Trends in public sector contracting: some issues and better practices; Australian Corporate Lawyers Association, Old Parliament House, Canberra, Wednesday, 21. March 2001, www.anao.gov.au.

BERATERGRUPPE: PPP im öffentlichen Hochbau, Bd. II: Rechtliche Grundlagen, Teilband 1: Zusammenfassung, Vertragsrechtliche Grundlagen, Bundes- und Landeshaushaltsrecht, Kommunalrecht (PriceWaterhouseCoopers, Freshfield Bruckhaus Deringer u.a.) 2003.

BESENKO, D./DRANOVE, D./SHANLEY, M.: The Economics of Strategy, John Wiley & Sons, New York, NY. 1996.

BISMAN, Jayne: Costing for Outsourcing decisions: Public sector perspectives. 1999.

BOSTON, J. (Ed.): The State under Contract, Bridget Williams, Wellington 1995.

CLEMONS, E.K./REDDI, S. P./ROW, M.C.: The impact of information technology on the organization of economic activity: the `move to the middle' hypothesis, Journal of Management Information Systems, Vol. 10 No. 2, Fall, 1993, S. 9-35.

COASE, Ronald H.: The Nature of the Firm, Economica, n.s. 4 (November), 1937, S. 386-405.

COASE, Ronald H.: The problem of social cost, Journal of Law and Economics, 3, 1960, S. 1.

DE VRIES, M./BALAZS, K.: The downside of downsizing, Human Relations, Vol. 50 No. 1, 1997, S. 11-50.

DECKELMANN, Bill: Common problems in outsourcing – An outsourcing lawyers perspective, Everest Partners, 2003.

DEMSETZ, H.: The cost of transacting; Quarterly Journal of Economics, 82, 1968, S. 33.

DOMBERGER, S.: The Contracting Organization: A Strategic Guide to Outsourcing, Oxford University Press, Oxford 1998.

DRÖMANN, D.: Germany – A developing market for PPP's, in: The global PPP directory 2002, S. 54-56.

ELFING, T./BAVEN, G.: Outsourcing technical services: stages of development, Long Range Planning, Vol. 27 No. 5, 1994, S. 42-51.

FINLAY, P.N./King, R.M.: IT outsourcing: a research framework, International Journal of Technology Management, Vol. 17 No. 1-2, 1999, S. 109-28.

GINSBURG, V./MICHELI, P.: Adjustment costs, concentration and price behavior, Journal of Industrial Economics, Vol. 36 No. 4, 1988, S.477-81.

HARRIS, M./RAVIV, A.: Some results on incentive contracts with applications to education and employment, health insurance, and law enforcement, American Economic Review 68, 1978, S. 20-30.

HEIN, K.: Reengineering undergoes reconstruction, Incentive, Vol. 171, No 1, 1997, S. 5.

Horvath & Partner (Hrsg.): Balanced Scorecard umsetzen; Stuttgart 2001.

HUCZYNSKI, Andrzej/BUCHANAN, David: Organisational Behaviour, Edinburgh Gate: Prentice Hall International, 2001.

Institut der Deutschen Wirtschaft: Annual Report 2001, Köln 2001, S.380

JENNINGS, D.: Strategic guidelines for outsourcing decisions, The Journal of Strategic Change, Vol. 6, April, 1997, S. 85-96.

JENSEN, M. C./MECKLING, W. H.: Theory of the firm: Managerial behavior, agency costs and ownership structure, Journal of Financial Economics, Vol. 3, 1976, S. 303-360.

KAPLAN, R./ATKINSON, A.: Advanced Management Accounting, Third Edition. 1998.

KAPLAN, Robert S./NORTON, David P.: Balanced Scorecard, Boston MA.: Harvard Business School Press 1997.

KEE, Robert C./ROBBINS, Walter A.: Public sector accounting: a modified decision model, Journal of Government Financial Management, Vol. 52, No. 2. 2003.

KLEIN, B./CRAWFORD, R. G./ALCHIAN, A. A.: Vertical Integration, Appropriable Rents, and the Competitive Contracting Process, J. Law and Econ. 21 (October), 1978, S. 297-326.

KLIEM, R.L.: Managing the risks of outsourcing agreements, Information Systems Management, Summer, 1999, S. 91-3.

KOMMISSION DER EUROPÄISCHEN GEMEINSCHAFTEN: Grünbuch zu öffentlich-privaten Partnerschaften und den gemeinschaftlichen Rechtsvorschriften für öffentliche Aufträge und Konzessionen, Brüssel 2004.

KORTE, Rainer/POOK, Manfred/SCHUSTER, Ferdinand: Interkommunale Vergleiche: Wettbewerb, Wettbewerbsersatz oder Beschäftigungstherapie?, in: Raabe-Verlag (Hrsg.): Neues Verwaltungsmanagement (Loseblattsammlung), 27. Erg.-Lief., Berlin August 2003, Abschnitt C 1.1, S. 1-57.

KRAJEWSKI, Lee J./RITZMAN, Larry P.: Operations Management: Strategy and Analysis, Prentice Hall: Upper Saddle River, NJ 2002.

KUNERT, U./LINK, H.: Prognose des Ersatzinvestitionsbedarfs für Bundesverkehrswege bis zum Jahre 2020, DIW-Beiträge zur Strukturforschung Nr. 187, Berlin 2001.

LONSDALE, C./COX, A.: Outsourcing: A guide to Risk Management Tools and Techniques, Earlsgate Press. 1998.

MAHE, H./PERRAS, C.: Successful global strategies for service companies, Long Range Planning, Vol. 27 No. 1, 1994, S. 36-49.

MALONE, T./YATES, J./BENJAMIN, R.: The logic of electronic markets, Harvard Business Review, May-June, 1989, S. 166-71.

MALONE, T.; Yates, J./BENJAMIN, R.: Electronic markets and electronic hierarchies: effects of information technology on market structure and corporate strategies, Communications of the ACM, Vol. 30 No. 6, 1987, S. 484-97.

O'LOONEY, J. A.: Outsourcing State and Local Government services: Decision-Making Strategies and Management Methods, Quorum Books: Westport, Connecticut; London 1998.

OECD: Best Practice Guidelines for Contracting out Government Services, OECD-PUMA, Paris 1997.

OECHSLER, Walter A./VAANHOLT, Silke: Human Resource Management - Auswirkungen des New Public Management auf ein zeitgemäßes Personalmanagement in der öffentlichen Verwaltung. In: BUDÄUS/CONRAD/SCHREYÖGG (Hrsg.), New Public Management. Berlin 1998, S. 151-191

OSBORNE, D./GAEBLER, T.: Reinventing Government: How the Entrepreneurial Spirit is Transforming the Public Sector, Addison-Wesley, Reading, MA 1992.

PINT, E.M./BALDWIN, L.H.: Strategic Sourcing: Theory and Evidence from Economics and Business Management, RAND 1997.

REICHARD, Christoph: Von Max Weber zum "New Public Management": Verwaltungsmanagement im 20. Jahrhundert, in: HABLÜTZEL, Peter u.a. (Hrsg.): Umbruch in Politik und Verwaltung: Absichten und Erfahrungen zum New Public Management in der Schweiz, Bern 1995, S. 57-80.

ROBINSON: The Independent, London 2000, S. 19.

ROSS, S.: The economic theory of agency: The principal's problem, American Economic Review 63(2), 1973, S. 134-39.

ROUSSEAU, D.: Psychological and implied contracts in organizations, Employee Responsibilities and Rights Journal, Vol. 12 No. 1, June, 1989, S. 34-78.

ROUSSEAU, D./GRELLER, M.: Human resource practices: administrative contract makers, Human Resource Management, Vol. 33 No. 3, 1994, S. 72-81.

SATTELBERGER, Thomas: Lernende Organisation: Konzepte für eine neue Qualität der Unternehmensentwicklung, Wiesbaden 1991.

SAVAS, E. S.: Privatizing the Public Service: How to Shrink Government, Chatham N.J. 1992.

SAVAS, E. S.: Privatization: The key to better government. Bridgeport, CT: Chatham House 1987.

SCHAUER, R.: Eigenerstellung oder Fremdbezug kommunaler Leistungen aus betriebswirtschaftlicher Sicht, in : Schauer, R. (Ed.), Outsourcing – Übertragung kommunaler Aufgaben an private Dienstleister?, Chancen und Risiken von öffentlich-privaten Partnerschaften im kommunalen Dienstleistungsbereich, Tagung an der Johannes Kepler Universität Linz, Eine Dokumentation, Linz 2001, S. 59–82.

SCHEDLER, Kuno und PROELLER, Isabella: New Public Management, Wien 2003.

SCHEIN, Edgar H.: Organisational Culture and Leadership, Jossey-Bass, San Francisco 1985.

SCHEYÖGG, Astrid: Der Coach als Dialogpartner von Führungskräften, in:
BUER, F./STILLER, G. (Hrsg.): Die flexible Supervision: Eine kritische Bestandsaufnahme. Wiesbaden 2004.

SPENCE, M./ZECKHAUSER, R.: Insurance, information and individual action, American Economic Review 61(2); 1971, S. 380 – 387.

STONE, T.: Privatisation and PPP: What are the differences?, Privatisation and Public Private Partnerships, Review 2002/2003, Euromoney Publication.

United States General Accounting Office: Privatisation: Lessons Learned by State and Local Governments, GAO-GGD 97-48, Washington 1997.

United States General Accounting Office (Ed.): Public-Private Partnerships: Terms Related to Building and Facility Partnerships. 1999.

VAIL, P.: Managing as a Performing Art, Jossey-Bass, San Francisco 1989.

VENKATESAN, R.: Strategic sourcing: To make or not to make, Harvard Business Review, November-December, 1992, S. 98-107.

WALSH, K.: Competitive Tendering of Local Authority Services: Initial Experience, Department of the Environment, HMSO, London 1991.

WILLIAMSON, Oliver E.: Markets and Hierarchies: Analysis and Antitrust Implications, Free Press, New York, NY. 1975.

WILLIAMSON, Oliver E.: Transaction-cost economics: the governance of contractual relations, The Journal of Law and Economics, Vol. 22 No. 2, 1979, S. 233-61.

WILLIAMSON, Oliver E.: The Economic Institution of Capitalism, Free Press, New York, NY. 1985.

WILLIAMSON, Oliver E.: The logic of economic organization, Journal of Law Economics and Organization, Vol. 4 No. 1, 1988, S. 65-93.

WILLIAMSON, Oliver E.: Die ökonomischen Institutionen des Kapitalismus: Unternehmen, Märkte, Kooperationen, Tübingen 1990.

WILLIAMSON, Oliver E. (1996): Economic and organizations: a primer, California Management Review, Vol. 38 No. 2, 1996, S. 131-46.

Autorenverzeichnis

Professor **Dr. jur. Wolfgang Beck**, Jahrgang 1957, Professor für Allgemeines Verwaltungsrecht und Kommunalverfassungsrecht, Studium der Rechtswissenschaften und der Politikwissenschaft, 1991 bis 1998 Richter am Verwaltungsgericht, Hochschullehrer seit 1999, Hochschule Harz, Halberstadt, Fachbereich Verwaltungswissenschaften.

Dr. Mark Fudalla, Jahrgang 1966, seit 1999 Mitarbeiter der KPMG Deutsche Treuhand-Gesellschaft AG Wirtschaftsprüfungsgesellschaft, Prokurist, Leiter des KPMG-Center of Competence Public Sector, Studium der Volkswirtschaftlehre in Bonn und Köln, anschließend wissenschaftlicher Mitarbeiter am Staatswissenschaftlichen (Volkswirtschaftlichen) Seminar der Universität zu Köln, Lehrstuhl Prof. Dr. Dr. h.c. mult. Gernot Gutmann; Promotion zum Dr. rer. pol. (Köln, 1996), Master of Business Administration (London, 2004).

Dr. Michael Grimberg, Jahrgang 1955, Hochschuldozent für die Studienfächer „Öffentliche Finanzwirtschaft" und „Betriebswirtschaftslehre" an der Hochschule Harz, Fachbereich Verwaltungswissenschaften, Halberstadt, Projektleiter für die Forschungsvorhaben „Einführung eines doppischen Haushalts- und Rechnungssystems in Kommunen", zuvor Studium an der Fachhochschule für öffentliche Verwaltung und Rechtspflege des Landes Nordrhein-Westfalen, Studium an der Verwaltungsakademie für Westfalen, Hagen, 1982 bis 1992 Kämmerei- und Amtsleiter der Gemeinde Ostbevern, zuletzt Kämmerer, stellv. Gemeindedirektor und Werkleiter der Gemeindewerke Ostbevern, 1992 bis 1998 Hochschuldozent und Fachkoordinator für die Studienfächer „Öffentliche Finanzwirtschaft" und „Öffentliche Betriebswirtschaftslehre" an der Fachhochschule für öffentliche Verwaltung und Rechtspflege des Landes Sachsen-Anhalt, Fachbereich Allgemeine Verwaltung, Halberstadt

Dipl.-Kfm. **Matthias Knödler**, Jahrgang 1972, ist seit 2001 wissenschaftlicher Mitarbeiter und Dozent am Fachbereich Verwaltungswissenschaften der Hochschule Harz in Halberstadt und leitet ab 2002 gemeinsam mit Herrn Dr. Grimberg das Forschungsprojekt „Einführung der Doppik". Von 1991 bis 1996 absolvierte er das Studium der Betriebswirtschaftslehre in Magdeburg mit den Schwerpunkten Steuerlehre, Rechnungswesen und Wirtschaftsprüfung. Bis 2001 folgte eine vierjährige Tätigkeit in einem mittelständischen Unternehmen.

Prof. **Dr. Christian Roschmann**, Jahrgang 1951, Jurist, Professor für Zivilrecht an der Hochschule Harz, Fachbereich Verwaltungswissenschaften, Halberstadt. Nach Tätigkeiten als Rechtsanwalt und stellvertretender Leiter der Deutsch-Brasilianischen Industrie-und Handelskammer in Sao Paulo (Brasilien) leitete er nach der Wiedervereinigung die Außenstelle Chemnitz des Sächsischen Landesamtes zur Regelung offener Vermögensfragen. Seit 1995 Professor an der Fachhochschule der Sächsischen Verwaltung in Meissen, 1997-1999 Fachbereichsleiter, seit 1999 Professor an der Hochschule Harz.

Prof. Dr. **Jürgen Stember**, Dipl.-Geogr., Jahrgang 1964, ist seit 1999 Professor für Verwaltungswissenschaften am Fachbereich Verwaltungswissenschaften der Hochschule Harz in Halberstadt und Leiter des dortigen An-Instituts PubliCConsult – Institut für Verwaltungsmanagement e.v. Der diplomierte Geograph und promovierte Politikwissenschaftler war zwischen 1992 und 1999 Wirtschaftsförderer und Mitarbeiter bei der Verwaltungsreform in der Kreisverwaltung Soest. Zu seinen Forschungs- und Lehrschwerpunkten zählen New Public Management, Regionalentwicklung und Wirtschaftsförderung sowie eGovernment.

Dipl.-Kfm. (FH) **Christian Wöste**, MPA, Jahrgang 1974, ist Mitarbeiter der KPMG Deutsche Treuhand-Gesellschaft AG WPG, Public Sector, in Hannover (2001) und Köln (seit 2002). Zuvor studierte er Verwaltungsmanagement an der Fachhochschule Osnabrück (1996-2000). Es folgte eine Tätigkeit als Berater im Geschäftsfeld Public Services einer mittelständischen Unternehmensberatung. Von 2002 bis 2003 absolvierte er ein zweites Studium zum Master of Public Administration (MPA) an der Universität Kassel.

Raum für Notizen

Raum für Notizen

Raum für Notizen

PubliCConsult

Institut für Verwaltungsmanagement e.V.
An-Institut der Hochschule Harz

Das An-Institut

PubliCConsult – Institut für Verwaltungsmanagement e.V. ist ein 1999 gegründetes An-Institut der Hochschule Harz, Fachbereich Verwaltungswissenschaften, mit Sitz in Halberstadt. Die Mitglieder des An-Institutes haben sich zum Ziel gesetzt, die Aktivitäten des Fachbereichs Verwaltungswissenschaften nachhaltig zu unterstützen und zu ergänzen. Forschung, Lehre und Praxis sollen damit wesentlich effizienter verknüpft werden.

Inhalte und Themen

Inhaltlich werden alle Themen der Verwaltungsmodernisierung bearbeitet. Von der Entwicklung von Organisationsgutachten über Kunden- und Bürgerbefragungen bis zu neuen Themen, wie Einführung der Doppik oder eGovernment-Instrumentarien, wird nahezu kein Themenfeld ausgespart. Die Kompetenzen erstrecken sich jedoch nicht nur auf die öffentlichen Verwaltungen, sondern auch auf die öffentlichen Unternehmen im weitesten Sinne. Zahlreiche Projekte, Gutachten und Kooperationen haben die Leistungsfähigkeit schon unter Beweis gestellt.

Dienstleistungen und Angebote

PubliCConsult erstellt und betreut nicht nur komplexe Praxis- und Forschungsprojekte, sondern hat ein breites Spektrum an Tätigkeiten, die an jeden Kundenwunsch individuell angepasst werden können. So erweist sich gerade bei Voruntersuchungen und vorbereitenden Tätigkeiten die Zusammenarbeit mit den Studierenden als äußerst effizient und hilfreich. Durch Diplomarbeiten können spezifische Fragen beantwortet, mit Praktika wichtige Themen bearbeitet und durch Praxisseminare relevante Probleme im Vorfeld eingegrenzt werden, bevor dem Praxispartner überhaupt Kosten entstehen.

Der Beratungsbereich wird darüber hinaus sinnvoll durch interessante Fortbildungsangebote ergänzt, die derzeit halbjährlich aktualisiert und veröffentlicht werden.

Parallel dazu sind es besonders Veranstaltungen und Events, die im Leistungsspektrum des An-Institutes eine ganz besondere Rolle spielen.

Veranstaltungen, Events und Infos

In den Workshops für Verwaltungs-modernisierung am Fb Verwaltungs-wissenschaften werden aktuelle Themen mit internen und externen Referenten innerhalb öffentlicher Veranstaltungen aufbereitet

Die jährlich im April stattfindende Praxismesse ist mittlerweile zu einem gleichermaßen erfolgreichen wie auch traditionellen Event geworden. Hier werden alle wichtigen praktischen Kooperationen der Hochschule des Jahres gemeinsam mit den Partnern außerhalb der Hochschule vorgestellt.

Auf der Homepage des An-Institutes können Sie sich jederzeit über aktuelle Themen informieren. Ab 2005 wird darüber hinaus eine eigene Schriftenreihe aktuelle Themen einem breiten Publikum zugänglich machen.

Neue Praxisbörse als zentrales Instrument

Seit Oktober 2004 verfügen sowohl PubliCConsult als auch der Fachbereich Verwaltungswissenschaften über eine internetbasierte Praxisbörse, in der alle Interessierten (Studierende, Praxisvertreter) ihre jeweiligen Wünsche, Anliegen oder Ziele eintragen können. Die Suche nach geeigneten Ansprechpartnern oder Bearbeitungsthemen bleibt so kein Zufall mehr, sondern wird systematisch herbeigeführt. Unter der Internet-Adresse www.praxisboerse-hsharz.de können Sie selbstständig Wünsche oder Interessen eintragen. Natürlich steht Ihnen auch der „traditionelle" Weg über Telefon, Fax und Post frei.

Wir freuen uns auf Sie! Sprechen Sie uns an!

PubliCConsult -
Institut für Verwaltungsmanagement e. V.
An- Institut der Hochschule Harz

Vorsitzender: Prof. Dr. Jürgen Stember
Domplatz 16, 38820 Halberstadt
Tel.: 03943 / 659 419, Fax: 03943 / 659 499
Mail: jstember@hs-harz.de
Net: www.hs-harz.de/vw/publicconsult
Bankverbindung: Kreissparkasse Halberstadt
BLZ 810 531 32, Konto-Nr. 36 00 93 26